の意地

安藤優一郎
Ando Yuichiro

a pilot of wisdom

目次

第四章　幕臣たちの巻き返し

第五章　町奉行所ＯＢ会の結成――161

プロローグ　もう一つの無血開城

慶応四年（一八六八）五月二二日、午前一〇時。

現在のJR有楽町駅のすぐ前にあった江戸南町奉行所において、旧幕府（徳川家）から新政府（官軍）への町奉行所引き渡しが、まさにおこなわれようとしていた。かつては、大岡越前守忠相《ただすけ》も役宅としていた江戸町奉行所「無血開城」の日である。

町奉行所内では、官軍に引き渡すことに反対意見もあったが、最終的には抵抗せず明け渡すことに一決する。最後の南町奉行佐久間信義が町奉行所を代表して、官軍からの使者を出迎えた。使者のなかには、明治七年（一八七四）に佐賀の乱で処刑される佐賀藩士江藤新平の顔もあった。

続けて、JR東京駅近くにあった北町奉行所も引き渡された。最後の北町奉行は石川利政。この日、両町奉行は奉行所を去る。

同年七月一七日、江戸は東京と改められた。八月一八日に、東京都庁の前身東京府庁が開庁となり、九月二日、与力・同心の名称が廃止される。ここに、いわゆる〝八丁堀の旦那衆〟は歴史からその姿を消す。

そして同八日、元号が明治と改元された。一〇月一三日、明治天皇が江戸城に入る。江戸城は皇居と定められ、東京城と改称された。江戸城はこの日、名実ともに明治政府に明け渡されたのである。

西郷隆盛と勝海舟が主役となった江戸城明け渡しは、あまりにも有名な出来事である。しかし、官軍に引き渡されたのは江戸城だけではない。江戸にあった旧幕府の各施設も引き渡されている。

江戸の市政を預かる町奉行所もその一つだ。江戸っ子にとっていちばん身近な存在である町奉行所の明け渡しとは、政権交代の現実を何よりも思い知らされる出来事だったに違いない。

だが、江戸城明け渡しにひきかえ、江戸町奉行所明け渡しという出来事が幕末維新史で語られることはほとんどない。まして、その後の町奉行所与力・同心たちの動向など、歴史の闇《やみ》に消えてしまっている。その理由とは、いったい何か。

何といっても、江戸城明け渡しを境に、江戸から明治へと歴史が移り変わるという従来の歴史叙述の方法に最大の問題がある。これをもって明治維新が達成され、以後、明治政府による近代化が進められるというお決まりのパターンだ。歴史教科書では定番の記述である。そこでは、江戸城を明け渡して下野していった幕臣、つまり徳川家の家臣たちが歴史の敗者として転落していった姿が描かれることはない。

拙著『幕臣たちの明治維新』(講談社現代新書)では、そんな歴史叙述の問題点を踏まえながら、従来、光が当てられることのなかった明治維新後の幕臣の姿を追いかけた。江戸城明け渡し後、静岡に移住した幕臣たちが苦難の生活を強いられた様子を明らかにしたが、彼らはそのまま歴史の闇の中に消えていったわけではない。敗者としての誇りを持ちながら、明治という時代を生き抜いていた。

本書では、このなかで十分に取り上げることのできなかった、そんな幕臣たちのポジティブな姿に光を当てる。明治を生きた幕臣の姿を掘り起こすことで、新たな明治維新史の構築を試みたい。

さらに本書では〝東京と改称させられた江戸〟にも焦点を当てる。既述したように、江戸城以上に江戸っ子にとって身近な存在だったのが町奉行所である。江戸市政を担った与力・同心たちも幕臣（御家人）であり、彼らも奉行所と同じ運命を辿《たど》ることになる。

明治新政府は町奉行所に代って東京府庁を開庁した際、そのまま与力・同心たちを府の役人（下級官僚）として採用し、東京府政を担わせた。横滑りさせたのである。政府の中核である薩摩《さつま》・長州藩士たちは江戸（東京）の事情は何も知らないわけだから、よくよく考えてみれば当然の処置だろう。

だが、明治政府が東京を名実ともに掌握していくにつれて、与力・同心たちは東京府から免職を申し渡される。彼らは、明治政府にとって「つなぎ」でしかなかった。

政権交代期にはよくみられることではあるが、与力・同心たちとしてはたまらない。明治政府に体よく利用されたことへの思いは、さまざまな形で噴出することになる。

彼らが決して敗者の地位に甘んじていたわけではなかったことは、以下明らかにしていくが、切り捨てられたのはもちろん与力・同心だけではない。江戸が解体されるなか、歴史の敗者に転落した他の幕臣たちも、無念の思いを秘めながら明治という時代を生きるが、敗者の地位に甘んじたのではなかった点では同じである。

政府に言論をもって対抗しようとした者、政府奨励の産業に投資することで自活していこうとした者、文明開化の時流に乗って新たな事業に乗り出そうとした者……。明治の実業界で名を轟《とどろ》かせた渋沢栄一や三井の大番頭として知られた益田孝も、元を正せば幕臣だった。

以下、薩摩・長州藩を主役とする日本近代史では描かれることのない幕臣（徳川家家臣）たち歴史の敗者の生きざまを、江戸改め東京を舞台として明らかにしていく。

まずは、政権交代の象徴ともいうべき江戸町奉行所明け渡しの日に、時計の針を戻してみることにしよう。

第一章　江戸町奉行所最後の日

1　官軍、江戸城入城

徳川家、賊軍となる

慶応四年（一八六八）正月、お屠蘇《とそ》気分の抜けない江戸の町に衝撃的な報が飛び込んできた。前将軍徳川慶喜が上方で薩摩・長州藩に敗れ、徳川家（幕府）が賊軍に転落したというのである。

勝利した薩摩・長州藩は、官軍に変身した。朝敵慶喜を討伐すると号して、まさに江戸に向かわんとしていた。

すでに、江戸では徳川家と薩摩藩の間で戦争が起きていた。前年の一二月二五日に、徳川方の攻撃を受けて、三田の薩摩藩邸が焼き討ちに遭《あ》う。この焼き討ちが直接の導火線となり、明くる正月三日に上方で鳥羽伏見戦争が起きたのだった。一方、江戸は嵐の前の静けさというわけではないが、穏やかな正月気分に浸っていた。

上方から敗報が入る直前の江戸の状況について、貴重な証言を残した人物がいる。明治維新後、「横浜毎日新聞」や「東京日日新聞」の記者として活躍し、小説家に転身した塚原靖《しずむ》だ。『半七捕物帳』の作者岡本綺堂《きどう》の師匠でもあった。ペンネームは渋柿園《じゅうしえん》という。

塚原は嘉永元年（一八四八）に、根来《ねごろ》百人組の与力塚原昌之の子として市ヶ谷（現新宿区）に生まれた。明治三五年（一九〇二）に江戸や幕臣社会の空気について回顧したが、鳥羽伏見戦争直後の江戸の様子についても語っている。当時、塚原は数えで二一歳になったばかりだった。

正月になっても市中そのほか、表面は賑《にぎや》かで、礼者も来る、獅子も来る。鳥追《とりおい》も万歳《まんざい》も来る。明けましては御慶《ぎよけい》の年賀に元日から二日三日と過ぎたが、いずくんぞ知らむ、この時はこれ鳥羽伏見の大戦争で、徳川氏三百年の基礎の顚覆にのぞめる際ならんとは！

（塚原渋柿「明治元年」、『幕末の武家』所収）

鳥羽伏見戦争の報が入る前であるため、まさに知らぬが仏だった。江戸ののんびりした情景が浮かんでくる。

併《しか》し電信も鉄道もない当時、いかな早追いでも江戸大坂間昼夜二日半でなければ通ぜぬという時節であるから、これほどの大事件をも人は太平の屠蘇のゆめ、前将軍家の御供に立って京坂にいる人々の留守宅でも、いやな話——慶喜公の御辞職以来、上方のごたごたする話ばかりで困ります、宅でも早く帰って来てくれますればようございますが、ぐらいなもので、依然例年の雑煮も祝って、二日の初夢に気楽な宝船も買っていた。（同前）

当主が上方にいる旗本や御家人の屋敷では、大政奉還以来の不穏な情勢を気に掛けつつも、このときはまだ江戸の初春を楽しむことができた。

逃げ帰ってきた慶喜

ところが、鳥羽伏見戦争の敗報が入ると、一転、江戸は大騒ぎになる。以下、慶喜が江戸城に逃げ戻ってくるまでの経過を追ってみよう。

一月二日より大坂城から京都に向かった幕府軍は、三日に京都南郊の鳥羽・伏見で薩摩・長州藩兵と激突した。幕府側の対応のまずさもあり、初日は薩摩・長州藩兵の優勢という戦況だった。

慶喜と鋭く対立していた薩摩藩の大久保利通は、開戦を受け、仁和寺宮嘉彰《にんなじのみやよしあきら》親王を征討大将軍に任命し、錦旗節刀を賜ること、諸藩に慶喜追討を布告することを、議定岩倉具視《ともみ》に説き迫った。

大久保の説得に応じた岩倉は、新政府の首脳が会する三職（総裁、議定、参与）会議を開催する。総裁は有栖川宮熾仁《ありすがわのみやたるひと》親王、議定は公卿や藩主クラス、参与は大久保たち諸藩の重臣で構成されていた。

しかし、議定の松平慶永《よしなが》（前福井藩主）らが岩倉たちの主張に反対し、会議は難航した。結論が出ないまま夜を迎えたが、そこに入ってきたのが前線からの戦勝報告だった。

ここに、会議の空気は一変する。薩摩・長州藩兵の優勢という戦況をうまくとらえた岩倉や大久保が、慶喜を賊軍（朝敵）とすることに成功したのである。

翌四日、征討大将軍仁和寺宮が錦旗を掲げて東寺に進み、本陣を置いた。これが契機となり、形勢を展望していた諸藩が雪崩《なだれ》を打って薩摩・長州藩方に馳《は》せ参じていく。

この日も、幕府軍は各所で敗退する。いよいよ形勢不利となったが、錦旗が掲げられたことで鳥羽伏見戦争の大勢は決した。慶喜も戦意を喪失する。

六日夜、密《ひそ》かに大坂城を脱出し、海路、江戸に逃げ帰った慶喜が江戸城に入ったのは、一二日のことだった。

正月を楽しんでいた江戸の人々にとっては、これはまったく寝耳に水の出来事だった。道でたまたま出会った松岡万《よろず》という者が、塚原の顔を見るなり、次のように言ってきたという。松岡は新撰組《しんせんぐみ》の源流でもある浪士組の結成にも係わった人物だ。

「いや、実に大変です。京都は大戦争、敵は薩長で、御味方大敗走！ 上（慶喜公）にも昨夜蒸気船で御帰城《おかえり》です。内海の伯父なども討死《うちじに》したかどうか知れません。私は今それを知らせて来ました。あなたももう御覚悟なさい！」と真に血眼でいる。内海氏は当時京都の見廻組である。私もそれを聞いて実に仰天して、夢のように身が慄《ふる》えた。

（同前）

だが、江戸が大騒ぎになりはじめた頃、慶喜と徳川家を取り巻く政治状況はさらに厳しいものになっていた。

幕臣の無念

慶喜が海路江戸に向かっていた頃、息つく暇を与えないかのように、朝廷は次々と手を打ち、慶喜を追い詰めていく。七日に慶喜の追討令を発し、一〇日には官位を剝奪《はくだつ》する。二月一五日には、有栖川宮を東征大総督とする官軍が京都を出発し、東海道、北陸道の三道から江戸に向かった。まさに勝てば官軍の勢いだった。

慶喜の帰城だけでなく、上方での敗戦、さらに官軍が江戸に向かっているとの衝撃的な報が伝わると、戦争近しということで、江戸は大混乱に陥る。家財道具をまとめ、江戸を脱出する者が続出した。

幕臣たちはもちろんのこと、慶喜自身、官軍に対する抵抗の意思がないわけではなかったようだが、最終的には朝廷への恭順姿勢を表明する。

二月一二日、慶喜は江戸城を出て寛永寺に入り、その姿勢を示した。以後、陸軍総裁に任命した勝海舟のほか、明治天皇には叔母にあたる静寛院宮《せいかんいんのみや》（和宮）などのルートを使って、官軍を指揮する西郷や朝廷への工作を展開することになる。

慶喜は幕臣たちに対し、官軍に敵対する動きに出ることを厳しく戒めているが、その政治的判断のミスによって賊軍にされた格好の幕臣たちは、この頃、どんな思いでいたのか。徳川家の政治方針が恭順路線である以上、家臣である幕臣としては従わざるを得ない。大半の幕臣は不承不承ながらも、その方針に従う。

しかし、慶喜の恭順路線に反発する幕臣は少なくなかった。こうした反発が彰義隊《しょうぎたい》の結成や江戸からの脱走につながっていくわけだが、江戸にとどまり慶喜の意思に従った幕臣にしても、同様の心情を共有していた。その気持ちを、塚原に代弁してもらおう。

この大敗というが実に残念で残念で居ても起っても堪らない。いずれ再度の盛り返しの戦争は是非ある事！　その時こそは！　と銃を磨き、弾薬の用意をして、刀に引肌《ひきはだ》まで掛けて、今日か明日かとその沙汰を待っていたところが、二月になると上様は上野に御謹慎！　戦争はない！　という事にきまった。弔い戦をしないでどうするか、このまま敵に降参か、そんな事が出来るもんか、あるもんか！　と、ただ無暗に逸《はや》るのは私どもぐらいの年恰好の者のいずれも口にする議論、剣術の師匠へ行っても、柔術の稽古場へ行っても皆そんな事ばかり、泣くのもあれば罵《ののし》るのもある。そのうちに官軍は追いおい繰り込む。開城となる。もう仕様がないというので、或る者はその前後に脱走する。或る者はまた上野に拠る。　（同前）

当時、幕臣たちが置かれていた立場を整理してみたい。

官軍と武力対決に及べば、朝廷（官軍側）からは賊軍とされる。一方、官軍への敵対行動を厳禁する徳川家からは不忠の臣と叱責《しっせき》されるのだ。官軍に勝っても、主君慶喜の命に背いた廉《かど》で切腹。負ければ、官軍に処刑される運命が待っていた。

こんなやり切れない立場が、とにもかくにも残念でたまらないという無念な気持ちを幕臣たちに抱かせたのである。

江戸城明け渡し

官軍は刻々と、江戸城に迫りつつあった。

三月五日、東海道を進む東征大総督府が駿府《すんぷ》に到着する。その翌日には、江戸城総攻撃の予定日が三月一五日と決定した。

九日に、勝が派遣した山岡鉄太郎が駿府に到着する。早速、参謀職を務める西郷と会談を持ち、慶喜の死を免じるための条件七カ条が提示された。その趣旨は、慶喜の岡山藩へのお預け、江戸城の明け渡し、武器・軍艦はすべて官軍に差し出すというものだった。

一三日、西郷は徳川方から焼き討ちに遭った江戸の三田屋敷に入り、勝との会談に臨む。翌一四日の再会談で、勝は次のような趣旨の嘆願書を提出している。慶喜の水戸での謹慎、江戸城明け渡しの受諾、武器・軍艦は徳川家のほうでまとめておき、寛大な処分が下されたときに徳川家で必要な分以外を差し出す――という内容だった。西郷は勝からの嘆願書を受け、翌日の江戸城総攻撃は延期する旨を触れた。そして急ぎ京都に向かい、対応策の協議に入る。

京都に戻った西郷を迎えた朝廷では三職会議を開いたが、結論から言うと、慶喜の水戸での謹慎以外の嘆願は却下された。特に武器・軍艦の扱いについては、すべて官軍に引き渡すことを求めた。完全武装解除である。そのため、徳川家内の陸軍・海軍将兵の反発は必至だった。

徳川家への回答書を携えて、再び西郷が江戸にやって来る。そして東海道先鋒《せんぽう》総督橋本実梁《さねやな》らが、徳川家相続人に擬せられていた田安亀之助の実父慶頼《よしより》に新政府の決定事項を伝えるため、勅使として江戸城に入ったのは四月四日。その実行期限は一一日と通告された。すなわち、徳川家がこの政府決定を実行しなければ開戦となるが、武装解除が求められた陸軍・海軍将兵は激しく反発する。フランス式調練を受けた歩兵など陸軍将兵の江戸からの脱走が相次ぎ、関東各地が騒乱状態に陥っていく。海軍にしても、副総裁の榎本武揚《たけあき》が江戸城明け渡し当日の夜、軍艦七艘《そう》を率いて安房《あわ》国館山に走ってしまう。

両者の間では緊張状態が依然として続いていた。江戸城引き渡し当日、官軍側は一戦も覚悟したほどだった。

当日は表向き何事もなく、江戸城明け渡しは粛々と進行した。だが、結果として江戸城無血開城がもたらされた、というのが真実に近かった。

従来の幕末史から受ける印象では、西郷の度量により、徳川家と江戸城に関する勝の嘆願は全面的に受け入れられ、江戸は焼野原にならずに済んだ――というイメージだろうが、それは結果論に過ぎない。

この日、慶喜は謹慎していた上野の寛永寺を出て、水戸に向かう。東征大総督有栖川宮が江戸城に入ったのは、四月二一日のことだった。

上野戦争

江戸城に入った官軍だが、幕臣はもとより、江戸市民の官軍への反発は非常に強かった。何といっても、江戸っ子は三〇〇年近く将軍のお膝元で暮らしたことを誇りにしていた。幕府の消滅はもちろんのこと、薩摩・長州藩兵から構成される官軍が江戸城の主となるという事実を、そう簡単に受け入れられなかったのは当然の人情だろう。

この頃、大総督府は、徳川家（田安亀之助）に駿府城を与え、駿河《するが》七〇万石に移封（減封）することを決定していた。ここに、徳川家には江戸城を返還しないことが確定する。

ただし、この決定を公表することは憚《はばか》られた。江戸城を取り上げられたうえに、大幅な減封を強いられることへの徳川家の猛反発を危惧《きぐ》したのである。

よって、徳川家処分については、田安亀之助の徳川家相続だけを申し渡し、徳川家に与える城と石高は後日申し渡しとした。つまり、官軍への抵抗勢力を排除できる体制が整ったうえで、徳川家処分を公表するというわけだ。後述するように彰義隊を武力鎮圧した段階で、徳川家を駿河七〇万石に封じようと目論んだのである。

大総督府が田安亀之助に徳川家相続を申し渡したのは同二九日のことだが、徳川家に与える城と石高についての申し渡しはなかった。このため、幕臣たちの不安と不満は増幅される。

江戸城は取り上げられ、江戸以外の地への移封が命じられるのではないかという不安を、幕臣たちの間に巻き起こしたのだ。官軍に敵対姿勢を示す彰義隊の勢いも増す結果となるが、すでに大総督府は彰義隊討伐の決意を固めていた。

官軍による攻撃が開始されたのは五月一五日のことである。いわゆる彰義隊の戦い（上野戦争）だが、この上野戦争は、半日足らずの戦いで官軍の勝利に終わる。このとき、寛永寺の堂社の大半は焼失した。

彰義隊を討伐したことで、徳川家処分を公表するめどが立った。だが、これから徳川家臣団の苦難も本格的にはじまるのである。

2 町奉行所引き渡し

幕臣たちの三つの選択

慶応四年(一八六八)五月二四日、大総督府は田安徳川家から徳川宗家を継いだ徳川亀之助(のちに家達《いえさと》と改名)に対し、駿河国府中城主(駿府城)に封じ、駿河・遠江《とおとうみ》国などで七〇万石を与えると申し渡した。静岡藩の誕生である。

だが、八〇〇万石とも称された徳川家の身上からみれば、一〇分の一にも満たない大幅な減封処分だった。この削減率は、まさしく政権交代の現実を象徴する数字。藩主徳川家達が駿府城に入ったのは八月一五日のことである。

幕臣、つまり徳川家の家臣の数は、慶応四年四月の数字によると、旗本が六〇〇〇人ほど、御家人が二万六〇〇〇人、計三万人強。ところが、七〇万石の大名として抱えることが可能な藩士の数は、せいぜい五〇〇〇人と見積られていた。

その五〇〇〇人にしても、今までの俸禄水準を維持することはとても無理であり、大幅な給与カットが待っていた。いずれにしても、徳川家臣団の大リストラは必至の情勢だった。

同年六月、徳川家は家臣に対し、今後の身の振り方として三つの選択肢を提示する。①新政府に出仕する、つまり朝臣になる、②徳川家に御暇願《おいとまねがい》を出して、新たに農業や商売をはじめる、③無禄覚悟で新領地静岡に移住する、の三つである。

新生徳川家があらためて召し抱えようとした五〇〇〇人とは、財政面を担当する勘定方の役人、家政向きを取り扱う役人、そして陸軍部隊だった。この五〇〇〇人以外、つまり二万五〇〇〇人以上の幕臣はリストラせざるを得ない。身上が一〇分の一以下に縮んでしまった徳川家としては、できるだけ多くの幕臣が新政府に仕えることを望んでいた。

政府が徳川家から取り上げようとしたのは、領地だけではない。新政府に仕える意思のない旗本や御家人に対し、追い打ちをかけるように、江戸屋敷からの立ち退きを命じる。

政府に仕える意思のない幕臣とその家族が数万人も東京に居座ったままでは、何かと不安であり、不都合だった。よって、政府に仕えるのか、武士を捨てて商売か農業をはじめるか、藩主とともに静岡に移住するか、という選択を幕臣に迫るよう徳川家を督促したのである（『静岡県史』通史編五）。

大半の幕臣は③番目の選択、つまり静岡藩士としての道を選んだ。こうして、明治新政府に仕えることを潔しとしない多くの幕臣たちが江戸を去っていくが、多くの幕臣改め静岡藩士たちは日々の生活に苦しむ。非番日（勤務日以外）は食料の確保に駆けずり回らざるを得ないほどの生活難に陥る。そして、零落していく。

話を静岡藩の誕生前に戻そう。

上野戦争後、大総督府は幕府の施設を次々と接収している。江戸城は接収したものの、奉行所などの施設には手を付けられないでいたが、最大の抵抗勢力である彰義隊の壊滅を受け、接収に踏み切る。その眼目は何と言っても、江戸の市政そして治安を預かる江戸町奉行所を掌中に収めることだった。

江戸鎮台府の設置

徳川家に対する処分、つまり静岡への移封を公示する直前、大総督府は江戸鎮台府を開設している。徳川家に代って、大総督府が江戸市政を担当するという意思の表明だ。

以下引用する史料は、当時南町奉行所与力で、大総督府への町奉行所引き渡しにも大きな役割を果たした佐久間長敬《おさひろ》が、後年語った証言録の一部である。

戊辰五月十九日、徳川亀之助公用人を江戸城大総督府へ召し出され、左の通り御達しあり。府下取締りの儀、御委任仰せ付け置かれ候《そうろう》所、今度当分江戸鎮台差し置かれ候に付き、寺社・町・勘定の奉行所幷《なら》びに諸記録類、明日中に悉《ことごと》く引き渡し申し付くべき事。但し奉行の分は止められ候。其以下役人の者、当分是迄《これまで》の通り出勤仰せ付けられ候。

(佐久間長敬『江戸町奉行事蹟問答』)

それまで、江戸の支配は徳川家に委任する形を取っていたが、彰義隊を壊滅させたことで、大総督府としては江戸を名実ともに掌握できる体制が整った。いよいよ、江戸の直接支配に乗り出したのである。

三奉行と称された寺社、町、勘定奉行所は、それぞれ社寺裁判所、市政裁判所、民政裁判所と改められ、江戸鎮台府の下に置くことが定められた。それに伴い、各奉行所とその記録類を明日までに引き渡すことを命じたが、大総督府側の事情で引き渡し日は数日延び、五月二三日ということになった。

町奉行所に限ることではなかったが、各奉行所の役人に対しては、当分の間はそのまま勤務するよう命じている。急に役人を交代させては、奉行所の業務が停滞し、混乱を招くのは必至だったからだ。

それでは、本章の主題である町奉行所引き渡しをめぐる動きをみていこう。

二〇日に、南北両町奉行は奉行職を免ぜられた。彼らは大目付に転じ、残務処理にあたることになる。翌二一日、佐久間長敬と北町奉行所所属の吉田駒次郎・秋山久蔵の三名の与力が町奉行所引き渡しの担当を命じられ、同日夜、佐久間宅に南町奉行所の与力・同心、秋山宅に北町奉行所の与力・同心が集められている。

明けて二二日、与力・同心たちは明日の引き渡しに備え、記録類などの整理をはじめた。南町奉行所では佐久間たちが集まり、引き渡しに関する協議をおこなったが、議論百出の状態だったという。江戸城明け渡しのケースを考えてみれば、それは至極当然のことだろう。

佐久間は次のように証言する。

兼て覚悟の上とは申し乍《なが》ら、数年来の勤場所を引き渡し、近日より浪人するか、方向を転じ候場合故に、議論百出、紛紛擾擾《ふんぷんじょうじょう》として定まり難く、其《その》議論の内重大なる件は十ケ条あり。（同前）

引き渡しに応じれば、与力・同心たちは身分が保障され、そのまま勤務を続けることができた。だが、彼らにしても江戸城開城を迎えた幕臣たちと思いは同じだった。時勢のなせる技とはいえ、引き渡しに応じることへの反発は隠しようがなかった。

機密書類の処分

佐久間は、このときに交わされた議論についても書き残しているが、なかでも重要だったのは、次の一〇項目への対応だったという。続けて、佐久間の証言を読んでみる。


其一、引き渡し当日の作法。

其二、役所備付けの書籍図物の類所分（処分）方。

其三、書籍を引き渡す時は近年尊王攘夷の説を唱へ、或は討幕の説を唱へたる者召し捕り、所刑にせし書類、探索書の類、所分方。

其四、備荒儲蓄の金銀米穀、金銀貸附けある分、所分のこと。

其五、欠所になるべき雑物金銭と、囚人の所分方。

其六、無宿寄場の人足。

其七、町々より御用金として徳川家へ貸入れたる金。

其八、品々名目ある町々への預ケ金・貸付金所分方。

其九、与力同心身分退散の方向。
其十、与力同心知行組屋敷所分のこと。　（同前）

引き渡し当日の作法、町奉行所が管理している金銀米穀や囚人、あるいは与力・同心の身分や拝領屋敷などの取り扱いなど、協議内容は多岐にわたったが、最大の問題だったのは第二、三条目にいう町奉行所記録類の取り扱いだったに違いない。佐久間によれば、次のような方針で臨むことが決定されたという。

吟味口書《くちがき》、其外探索書類と雖《いえど》も、役前にて取扱いたること故、少しも厭嫌《えんけん》なく、有りの儘《まま》にて引き渡すこと。　（同前）

つまりは部外秘のような機密書類であっても、そのまま引き渡すことが決定されたという。そのときの議論の様子を、佐久間は「江戸町奉行所の創立と廃止」で次のように語っている。

今まで朝廷及び勤王攘夷党の諸藩士や、浪士を多く捕縛刑罪に所したるあり、其秘密探偵や、裁判も誤審があろふ、其書類や証拠物を一切引き渡すは、甚だ危い事にて、主任の奉行・与力・同心にも後難も計りしるべからず、うかと引き渡しは出来まいといふので、諸役所は後難を生ずべきものは焼捨てるといふ事であつた、私は反対しました

（加藤貴「旧幕府引継書の基礎的研究」、『原胤昭《たねあき》旧蔵資料調査報告書（1）』所収）

佐久間のいう「勤王攘夷党の諸藩士や浪士」が、明治維新により官軍に変身したわけだが、旧幕府時代、町奉行所は彼らを国事犯として吟味し処罰した。その吟味や探索関係の記録類が残っており、それを引き渡してしまうと、担当の奉行や与力・同心が官軍による粛清の対象となるのではないか。誤審つまりは無罪の者を断罪に処した事例があったことは、佐久間も認めざるを得なかった。

よって、町奉行所としては、その証拠書類は処分してしまいたいところだったが、佐久間は反対したという。

今までの誤審ため、探偵の秘密などを隠すに及ばない、公然と顕《あらわ》していい、職務上為した事にて、やましい事はない、一切焼捨てなどといふ事はしない、と主張したのでありました、南町奉行所の記録は古来よりの分、一冊も不足なく渡しました　（同前）

誤審があったかもしれないが、あくまで職務上の記録であるから、何のやましいこともない。だから焼き捨てる必要はないとして、そのまま官軍に引き渡したのだと証言している。

しかし、このとき引き渡された記録類には、幕末期のものが少なかったようだ。現在「旧幕府引継書」として国立国会図書館に保存されている町奉行所関係史料をみると、幕末期のものがあまり見当たらないのだ。佐久間の証言を額面どおりに受け取るのは、少し無理があるだろう。意図的に廃棄されていたものがあるとみるのが事実に近い。

町奉行所引き渡される

引き渡し当日の二三日がやって来た。

プロローグで触れたように、午前一〇時、南町奉行所に江戸鎮台府から使者がやって来たが、迎える与力・同心たちの様子を佐久間は次のとおり描写する。

其頃は徳川家より謹慎の命を受け、其以前より長髪にて各髭髻《ひげもとどり》も永く延び、皆々謹慎の意を表し、麁服《そふく》を着し、与力同心とも羽織袴にて、同心は玄関前砂利間へ列を正し並列し、与力は玄関広間に列座すべき定めにて、刻限近寄り各座に就き相互に顔を見合せ、平常威権を振いし役所も今日限りにて見納めなるかと、心中には云はず語らず悲憤の感じあるに、各《おのおの》の体は平日見馴《みなれ》し罪人の如く髪は延び、如何《いか》にもあわれなる躰にて、如何に不幸に今日此《この》末路に遭遇せし哉と、二百有余のものとも袖をぬらさぬものもなかりしが

（前掲『江戸町奉行事蹟問答』）

朝廷に恭順の姿勢を示したのは慶喜だけではなかった。家臣たる幕臣たちも同様だった。具体的には、月代《さかやき》や髭も剃《そ》らないという形で恭順の意を表した。

幕臣たる与力・同心にしても同じ姿ということになるが、これではまったく罪人のような姿である。言い換えると、まさに逆の立場だ。それが一層哀れを誘ったというわけである。

江藤新平たち受取人を出迎えた元町奉行の佐久間信義は、引き渡しの事務を担当する佐久間長敬たち与力を紹介し、町奉行所を去る。引き続き、長敬たちは与力・同心の名簿のほか、引き渡す記録類の目録、そして金銀などの引き渡しの儀式に入る。引き渡しは粛々と進行していった。

立つ鳥跡を濁さずではないが、記録類はきちんと整理され、掃除も行き届いていた。江藤たち受取人は、これまで東海道筋の城や役所をいくつも受け取ってきたが、これほど行き届いている事例はないという感想をもらしたという。

諸役所は勿論《もちろん》、奉行立退き跡も整理して聊《いささ》か不隙のものもなく、修繕掃除は手を尽し置きし故に、受取人云う、これまで東海道筋より江戸に来る迄、諸役所・城廓多く受け取りしが、斯《かく》の如く整理行き届きたるを見しことなしと。満足の躰にて受け取られたり。

（同前）

引き渡しの担当だった長敬の証言であるから、手前味噌と言えなくもないが、ここに南町奉行所は官軍に引き渡された。そして、引き渡された記録類は与力・同心にそのまま預けるので、これまでどおり勤務するようにと江藤たちは申し渡し、南町奉行所をあとにした。北町奉行所でも、同様の引き渡しの儀式が執りおこなわれている。

こうして、南北町奉行所最後の日は終わった。

3　東京府誕生

市政裁判所への改称

江戸町奉行所が江戸鎮台府に引き渡された日の翌日にあたる五月二四日、前述したとおり徳川家一六代徳川亀之助を静岡七〇万石（駿河府中城主）に封じる旨が公にされた。ここに、徳川家処分が確定する。

同じ日の午前八時（朝五ッ時）、土方《ひじかた》大一郎（久元）という人物が南町奉行所改め市政南裁判所に姿を現した。土方は小笠原唯八とともに、奉行職に相当する同所判事に任命された土佐藩士である。市政北裁判所（旧北町奉行所）の判事には、新田三郎と西尾為忠の二人が任命された。

土方は、与力たちを前に次のとおり訓示している。

> 廿四日（慶応四年五月）朝五ッ時、土方大一郎南裁判所に出頭し、市政南裁判所主任を命ぜられたることを告げ、且つ数年前より国事に奔走し、政事に関しては何等経験なく、江戸市政は大任である、爾今《じこん》尽力補助に依らざれば、此大任を全ふすること能はざれば、朝廷の為腹蔵なく意見を述べられたしと告らる。
>
> （「江戸町政録」、『東京市史稿』市街篇第四九）

土方は、尊王攘夷派の志士として明治維新を迎えることのできた者である。いわゆる文久三年(一八六三)八月一八日の政変で三条実美《さねとみ》たち七卿が都落ちしたときには、三条に従って長州藩に身を寄せるという経歴を持つ。

ちなみに当時、三条は関東監察使として江戸城内にいた。徳川家に対する最終的な処分を下した、朝廷側の最高責任者でもあった。

土方は尊攘派の志士として国事に奔走した実績があり、のちには農商務相や宮内相といった閣僚を歴任する。だが、この明治維新直後の段階では、行政面に関してはまったくの素人だった。

だから、いきなり江戸の市政を預かる立場に立たされても、とまどってしまうのは当然のことだ。ここは、どうしても与力・同心たちの力を借りなければならない。そんな土方の立場がよく分かる訓示だ。

一方、与力・同心たちはどういう気持ちでいたかというと、虚脱感が漂っていたに違いない。町奉行所引き渡し当日の二三日、江戸鎮台府から、禄高や扶持米はこれまでのとおりと申し渡されていた。現在の給与は保障するので、これまでどおり勤務するようにというわけだ。

だが、彼らの立場に立ってみれば、たとえ生活が保障されるとはいえ、そのまま明治新政府に仕える気持ちにはとてもなれない。この二三日の段階では、そもそも主君である徳川家に与えられる領地（石高）も城も、大総督府から明示されてはいなかった。

町奉行所引き渡しの際には、引き渡し後の与力・同心の身の振り方（第九条目）についての協議もなされたが、佐久間によれば、こんな申し合わせが交わされていたという。

与力同心身分は、もとより町奉行所のために抱え入られたる者に付き、番所を他へ渡したる上は御用なきは当然のことに付き、徳川家の差図を受け、各覚悟次第離散すること。

（前掲『江戸町奉行事蹟問答』）

与力・同心たちとしては、町奉行所を引き渡した以上、徳川家の指図のもと、各々の判断に基づき、町奉行所を去る覚悟だった。

与力たちの意地

しかし、江戸鎮台府としては、与力・同心に去られてしまってはたいへん困る。よって、これまでの給与は保障するので、そのまま勤務してほしいと求めたわけだが、彼らにも意地があった。

同じ二三日、佐久間たちは新政府からの俸禄は辞退する旨の嘆願書を鎮台府に提出する。その理由について述べた箇所を読んでみよう。

目今主家恭順の実効相立ち、城地、禄高等追々御取極め仰せ付けられ候御趣意は厚く相心得、拝戴し奉り居り候へども、主家未だ右御沙汰《ごさた》をも蒙《こうむ》られず候内、私共御抜擢《ごばってき》を蒙り、旧俸禄安堵《あんど》仕《つかまつ》り候段、臣子の情誼《じょうぎ》、何共忍び難く、且つ旧僚の内には、妻児家族をも顧みず、采地俸禄を抛棄し、脱籍亡命、骸骨を戦場に曝《さら》し候輩もこれ有り

(前掲「江戸町政録」)

「主家」つまり徳川家に下される領地や城の御沙汰も出ていないうちに、自分たちだけ政府に採用され、俸禄米を受け取るわけにはいかない。臣下の身として忍びがたい。さらに、自分たちの同僚のなかには、妻子や家族を顧みず、所領や俸禄を捨てて官軍に敵対し、戦場で屍《しかばね》を晒《さら》した者がいる――。上野戦争での戦死者たちを念頭に置いていたことは言うまでもないだろう。そういう者たちのことを考えると、とても俸禄は受け取れないと主張したのだ。まさに、幕臣としての意地というところである。

ただし、その直後に徳川家処分が公示されたことで、鎮台府側は新政府からの俸禄を受け取るよう説諭を重ねる。その結果、大半の与力・同心は要請を受け入れる。彼らはしばらくの間、町奉行所時代と同様の勤務を市政裁判所で続けるのである。

二八日には、次のような町触が江戸の町に触れられている。

今般江戸鎮台差し置かれ、町奉行処は市政裁判所と唱え替え、是迄の役々の儀は、鎮台府附きに仰せ出さる、都《すべ》て前々の通り事務取扱い候間、町々諸訴等、従来町法の通り相心得、訴え出るべし

（「市政日誌」、『東京市史稿』市街篇第四九）

市政裁判所に名称は変わったものの、江戸市政は引き続き、「是迄の役々」つまり町奉行所の与力・同心たちが執っていくことが、江戸っ子たちに伝えられたのである。

江戸の消滅

こうして、市政裁判所が江戸の市政を担当することになったが、実は江戸の名前が消えるときが、すぐそこにまで迫っていた。

七月一七日、江戸は東京と改められた。その裏では、明治天皇の東京行幸が決定していた。東京遷都の動きがすでに進行していたのである。

当時の政治情勢をみてみよう。

彰義隊を制圧して江戸を軍事的に掌握したことで、官軍側は東北、北越戦線に兵力を増派できるようになった。これにより、会津藩を中心とする奥羽越列藩同盟は解体が進む。新政府も、軍事的危機はすでに去ったとみていた。

政府に仕える意思のない幕臣たちも、江戸から去りはじめていた。東京行幸の環境は整いつつあった。明治天皇が京都を出発し、東海道を経由して東京に向かったのは九月二〇日のことである。

さて、七月一七日に江戸が東京と改められたことで、同日江戸鎮台府は廃止され、代って東京府が置かれている。初代府知事は烏丸光徳《からすまるみつえ》。土方と西尾が判府事に任命された。副知事のような役職だろう。これに伴い、市政南北裁判所は廃止されている。東京府が町奉行所の機能を吸収した形だ。だが、府庁舎の準備が整っていなかったため、旧市政南裁判所が仮庁舎となっている。

八月一七日、大和《やまと》郡山《こおりやま》藩柳沢家の上屋敷内に東京府庁が開庁したが、府庁舎の修繕が終了し、府庁の事務が市政裁判所から移されたのは九月二日のこと。この日が、東京府の事実上の誕生である。同日、与力・同心の名称が廃止されたが、名称が変更されたに過ぎず、勤務内容はまったく同じだった。

東京府の各部課には、聴訟方、断獄方、庶務方、社寺方、出納方などがあったが、セクションごとに、頭取、調役、下調役が置かれている。与力が頭取、同心が調役・下調役に変身したのだろう。書記という役職もあったようだ。

同八日には、元号が慶応から明治に改元された。そして、二〇日に明治天皇が京都を出発するのである。

明治天皇が品川宿を経て江戸城西丸御殿に入ったのは、一〇月一三日のこと。この日、江戸城は東京城と改められ、皇居と定められた。江戸城はこの日、名実ともに明治政府に明け渡された。

引き続き、町奉行所の与力・同心は東京府の役人として勤務し続ける。だが、明治政府が首都東京の支配を強化する過程で、彼らは切り捨てられていくのである。

第二章　江戸の解体

1　江戸町奉行と町名主

激務で命を落とす町奉行

江戸から明治への激動期に翻弄された町奉行所与力・同心、つまり〝八丁堀の旦那衆〟であるが、江戸の市政ではどんな存在だったのだろうか。

江戸っ子にとって身近な存在だった江戸町奉行所は、北と南の二つがあった。遠山の金さんでお馴染《なじ》みの北町奉行所は、当初、現在の日本銀行の近くにあった江戸城常盤《ときわ》橋御門内に置かれた。文化三年（一八〇六）に呉服橋御門内に移転し、明治維新を迎える。

南町奉行所は、最初江戸城呉服橋御門内に置かれたが、元禄一一年（一六九八）に鍛冶《かじ》橋に移転。宝永四年（一七〇七）以降は、数寄屋《すきや》橋御門内に置かれた。

元禄一五年には、中町奉行所が呉服橋御門内の南側に置かれ、一時、町奉行は三人制となるが、享保四年（一七一九）正月に中町奉行坪内定鑑が辞任した後は、後任が補充されなかった。以後、幕末の一時期を除き、南北二人制が続く。

町奉行は、午前一〇時頃に奉行所を出て登城した。城内で執務した後、午後二時頃退出する。退出後は奉行所で、今度は訴訟事務や行政事務の処理に忙殺された。

両町奉行は、月番・非番という形で、一ヵ月交代で執務した。月番のときは奉行所の表門を開き、訴訟などを受け付けた。非番であっても、月番のときに受理した訴訟などを処理している。また月三回、内寄合《ないよりあい》と称して協議をおこなった。さらに、勘定奉行、寺社奉行とともに国政を協議する会合も、毎月六回あった。

このように、江戸町奉行の職務は非常に広範囲にわたった。いわば、現在の東京都知事、警視総監、消防総監、東京地方裁判所長官、そして国務大臣を兼任したような役職だった（南和男『江戸の町奉行』）。

江戸の都市行政にとどまらず、国政の一翼も担う激職というわけだが、享保以後の事例でみると、在職のまま死去した者は一四人にも及ぶ。町奉行の在職期間は、平均五～六年。一年に満たない者も珍しくなかった。その激務ぶりが一目瞭然《いちもくりょうぜん》だろう。

町奉行所を支えた与力・同心

町奉行には各々、与力が二五騎、同心が一〇〇人ずつ付属した（延享二年＝一七四五年に、同心が二〇人ずつ増員された）。彼らは町奉行の手足となり、都市行政の各部門を担った。

市中の見廻りを任務とする町廻りは、時代劇でもお馴染みだ。町廻りといっても、隠密廻り（市中の風聞を探索）、定廻り（市中の定期的な巡回）、臨時廻り（臨時の巡回）の三つがある。

そのほか、町奉行所の財政や人事を取り扱う年番（老練な者が任命される）、火事場に規定数の町火消人足が出動しているかを改める町火消人足改、強風時の放火行為を防ぐために市中を巡回した風烈廻りなど、担当業務は細分化されていた。その業務を担当する与力・同心とも、事実上世襲であり、奉行所の職務に精通する専門職だった。

町奉行は、お裁きだけでなく都市行政全般、そして国政にも関与しなければならない。そのため、世襲で都市行政に練達している与力・同心をうまく使いこなせないと、町奉行としての職責を十分に果たすことなど、とうていできなかった。

町奉行の代名詞である捕り物や吟味も、実際には配下の吟味方与力があたった。奉行は訴状を読んで、どの与力に担当させるかを決めるだけである。お白洲《しらす》でも、与力が作成した判決文を申し渡すだけというのがほとんどだった。

町奉行は幕府の役職のなかでも一番の激職であり、一つ一つ事件を解決するわけにはいかなかった。つまりは、お奉行様の出番は最初と最後だけなのである。

幕末に町奉行を務めた山口直毅によれば、提出される訴状があまりに多いため、前もって奉行が中身を読むことはなかったという。吟味の際に初めて、訴状の中身を読むのである。それも訴訟人の申し立てを耳で聞きながら、眼で文言を見て頭の中で読む。そして、難しくなさそうな案件から先に片付ける。難物な案件については、与力の能力を見分けて担当を決める。与力をうまく使いこなせるか否か、そこで奉行の鑑定能力が問われることになる（山口泉処「目付・町奉行・外国奉行の話」、『旧事諮問録』所収）。

江戸時代は、実に訴訟の多い時代だった。享保三年（一七一八）に町奉行所が取り扱った訴訟の数はなんと四万七七三一件。そのうち、金公事《かねくじ》と呼ばれる金銭をめぐる訴訟が、約七割を占めた。

五万件近い訴訟を、お白洲でいちいち裁けるはずもない。大半は、和解するよう当事者を勧奨するが、それでも提出された訴訟の数はあまりにも多かった。いずれにせよ、訴訟事務が渋滞するか否かは、担当する与力次第。そこで奉行の人選能力が問われる。

そうした事情は、訴訟事務だけにあてはまるものではない。都市行政にあたらせる与力を選定する場合も同様だ。奉行一人で膨大な事務を迅速に処理することなど無理であるから、いかに部下をうまく使いこなして適切に処理させられるかが眼目だった。

与力・同心の協力なしに、町奉行職を勤め上げることはとうていできなかった。

名主に委任された都市行政

町奉行所の支配に属する江戸町人の人口は、享保期には既に五〇万人に達していた。江戸の武家人口は正確な人数が分からないが、同じく五〇万人ぐらいと推定されている。この時期、江戸は名実ともに一〇〇万都市に成長した。江戸は八百八町と呼ばれたが、実際の町数は一六〇〇町を超えていた。

大まかに言うと、江戸の土地の約七割は、大名や旗本・御家人が住む武家地だった。武家地には町奉行所の支配は及ばない。残りの三割の土地を町人と寺社が分け合った形だ。江戸の土地の約一五％しか、町奉行所の支配は及ばなかった計算である。

町人は居住形態により、家持《いえもち》、家主《いえぬし》、地借《じかり》、店借《たながり》の四つに分けられる。

家持とは、家屋敷を所持し、そこに居住する者。家主は家守《やもり》とも呼ばれ、地主から町屋敷の管理を委託されて、地代店賃を徴収する者。地借は地代を支払って土地を借り、家屋を自己資金で建てた者。店借は店舗や長屋を借りて住む者だ。

寛政三年（一七九一）の数字によると、江戸全体で地主は一万八八七六人、家主は一万六七二七人。残りの四十数万人は地借と店借だった。その大半は店借、それも経済力の乏しい裏店借である（『新編千代田区史』通史編）。

江戸の都市行政を担う奉行所の吏員は、与力・同心合わせても三〇〇人に満たない。そのうえ、治安の維持は行政の一部門に過ぎず、実際に市中の取り締まりにあたれるのは、定廻りなど二〇人ほどに過ぎなかった。

この程度の陣容で江戸の治安が守れるはずもない。よって、同心の下に置かれた岡引き（目明し）、その子分の下引きが、江戸の治安維持に大きな役割を果たす。幕末の頃、岡引きと下引きを合わせて一五〇〇〜一六〇〇人ほどもいたという（前掲『江戸の町奉行』）。

しかし、与力・同心に岡引きと下引きを加えても二〇〇〇人に満たない。これでは五〇万の町人を支配することなど、とうてい不可能。そのため、奉行所は各町の行政事務の処理は名主《なぬし》（町役人と呼ばれる）に委任して、その監督・指導をするというスタンスを取っていたのである。

名主の数は二五〇〜二六〇名である。名主一人あたり、平均七〜八町、二〇〇〇人以上の町人を支配している計算だ。いわば江戸には二六〇ほどの役場があって、名主たちが町奉行による都市行政を支えていたというわけだ。

町奉行の経験もある先の山口直毅は、江戸の都市行政についての問いに次のように答えている。

○　江戸の町の政事は、町年寄や名主が世話を焼いていたようですが、奉行が町年寄や名主に任しておいたのは、どの辺まででありましたか。つまり町奉行はどこまでやったのですか。

◎　ごく下の事を名主がやって、その上に町年寄がいました。
○　町年寄は名主の評議役ではなかったのですか。
◎　イヤ、名主を支配していたので、樽（樽屋）、館《たて》（奈良屋）、喜多村の三家で、いずれもみな旧家です。
○　喧嘩とか、小さな訴訟などは、名主が裁判するのですか。
◎　そうです。マアちょっとした事、ホンの内輪の揉め事などです。とにかく悪い者を町内から出したりして、御奉行の耳に入れないようにするのが、名主の働きとなっていたのですから。

（前掲「目付・町奉行・外国奉行の話」）

名主の上に三人の町年寄がおり、奉行所との間を仲介していたが、軽微な案件は名主レベルで処理し、奉行所に面倒をかけないようにするのが名主の役目だった。名主の働きなくして、町奉行による都市行政は成り立たないシステムだったことが再確認できよう。

なお、名主の役料は、地主が所持する家屋敷（不動産）の規模に応じて徴収された町入用で賄われた。

年寄制から区長・戸長制へ

江戸町奉行所は行政事務を事実上名主（町人）に委託することで、都市行政を遂行していたわけだが、そんなシステムも明治に入ると変わりはじめる。

当初は、町奉行所の名称を市政裁判所に変えただけの対応だった。奉行所の吏員もそのまま。奉行所から都市行政を委託された形の名主もそのまま置かれ、行政事務を執った。

ところが、明治二年（一八六九）三月一〇日に、名主制が廃止される。その理由は、市中の取り締まりを強化するためだった。後述するように、当時、東京の治安は非常に悪化していた。明治維新という社会の激変に対応できなかった人々が、いわゆる「無宿者」として東京府内に多数入り込んでいたのである。

よって、明治政府は東京府民の実態を正確に掌握することを迫られたが、江戸以来の名主ではその目的を果たし得ないと判断し、名主制にメスが入れられる。事務を名主に委託する都市行政からの転換を目指したのだ。こうして、直接統治への歩みがはじまったのである。

そして、このときに採用されたのが年寄制。名主の職務に相当する役職として中年寄と添年寄、戸籍編成の実務にあたる者として町年寄を新たに置いた。

名主は世襲であり、町奉行所から任命される職ではなかったが、年寄は東京府が任命する役職だ。名主がそのまま中年寄などにシフトした事例も多かったが、任免権を東京府が掌握した意味は大きい。

そして、一六〇〇町もの町を、あらためて五〇区に分類した。それまでは一人の名主が平均七〜八町、二〇〇〇人以上の町人を支配していたが、支配町が分散している場合も多く、その分、目が行き届かなかった。そこで、地域別にまとまった形で五〇区に分類し、あらためて中年寄などを置いた。これを、「五〇区制」と呼ぶ。

名主制では、名主への役料は支配町から徴収した町入用を充てていたが、年寄制の導入により、この点にもメスが入った。町の行政事務に関する費用は東京府が一括して集め、そこから「給料」として年寄に支給したのである。ガラス張りにしたわけだ。

そして廃藩置県後、東京府の行政区画が再編される。東京府を六つの大区に分け、一大区を原則として一六小区に分ける「大区小区制」が採用された。大区には区長、小区には戸長・副戸長が置かれた。中年寄・添年寄の職務を引き継いだのが戸長・副戸長だが、その給料も同じく東京府から支給された。

こうして、名主を介した間接統治ではなく、東京府による直接統治が進行していく。それは、江戸の都市行政システムの解体を意味していた。

2　近代都市東京の建設

江戸城解体

江戸の名主制、いわばソフト面が解体されていく過程をみてきたが、江戸のハード面である都市構造も同じ運命を辿る。江戸城からみていこう。

慶応四年（一八六八）四月一一日、江戸城は官軍に明け渡され明治政府のものとなった。七月一七日に江戸は東京と改称され、一〇月一三日に江戸城は東京城と定められる。同日、皇居となった東京城に明治天皇が入った（東幸と称された）のは前述したとおりである。

いったん京都に戻った天皇は、明治二年（一八六九）三月七日、再び東京に向かっている。同二八日、天皇は東京に再幸したが、事実上、この日が東京遷都の日だった。東京が将軍のお膝元から天皇のお膝元になった日である。

幕末の頃、江戸城は何度となく火災に遭う。将軍の住む本丸御殿も焼失し、再建できないまま明治を迎えた。そのため、将軍の世継ぎが住む御殿である西丸御殿が代用されており、明治政府に接収されたのはこの西丸御殿のほうだった。そこに明治天皇が入り、皇居となったのである。

本丸御殿は再建できなかったが、西丸御殿や櫓《やぐら》をはじめ、城内には数多くの建物が残っていた。内堀や外堀沿いには御門や見附などの軍事施設もあった。

だが、緊迫する幕末の社会情勢もあってメンテナンスが不十分なまま放置されており、それらは破損が甚だしかった。また、城門は防御のために渡櫓《わたりやぐら》とセットの枡形《ますがた》を取ることが多かったが、逆に市民の通行には支障となる側面もあった。

このため、明治三年一一月より、政府は半蔵門、田安門、赤坂門、四谷門、市谷門の渡櫓を撤去しはじめる。

明治五年四月には、筋違門、牛込門の取り壊し、そして払い下げが公示された。江戸城が売却されていったのである。

八月には、日比谷門をはじめ江戸城外郭の二一門が撤廃される。石垣や礎石を残して整地され、東京府に引き渡された。ただし、大手門など内郭九門は破損個所を修繕したのみで、撤去には至らなかった。よって、現在までその姿をとどめている。

こうして、江戸城は東京の街からその姿を徐々に消していった。

大名屋敷の没収

「東京遷都」を踏まえ、政府は東京を首都とする国家づくりを急ピッチで進めることになるが、その際、役所の用地や役人に与える屋敷の確保は不可欠だ。そこで目を付けられたのが、江戸城周辺に配置されていた大名屋敷や旗本・御家人の屋敷群だった。政府はそれらを次々と没収していく。

江戸の武家地の大半は大名屋敷である。役所の用地を十分に確保したければ、大名屋敷の没収は避けて通れない。会津藩をはじめとする、政府に敵対する諸大名の屋敷は没収したものの、それだけではとうてい足りなかった。

慶応四年（一八六八）八月、政府は一〇万石以上の大名が拝領できる屋敷は三ヵ所、一〇万石以下の大名の場合は二ヵ所に制限する方針を打ち出した。大名が所持できる屋敷の数を最大三つに制限することで、役所の用地を確保しようとしたのである。

大半の諸大名は、江戸に三つ以上の屋敷を持っていた。大名が住む上屋敷、その世継ぎが住む中屋敷はそれぞれ一つだが、下屋敷は複数所持するのが通例だった。いずれにせよ、幕府から拝領した屋敷である。

天皇東幸直前に、政府は諸大名に対して拝領屋敷の数を最大三ヵ所に制限したわけだが、明治三年には二つに制限する旨を布告する。江戸幕府滅亡後、諸大名は東京に屋敷を置く義務がなくなった以上、二つで十分という判断に基づく布告だった。

だが、東京で屋敷を持つ必要性がなくなったとはいえ、取り上げられる側としては当然反発するだろう。買収ではないから、金銭的な補償もない。

よって、諸大名としてはあらためての拝領という形で屋敷の確保をはかるが、政府の姿勢は堅かった。そもそも、上、中、下屋敷は幕府から拝領したものであり、買得したものではない。幕府が消滅した以上、所持を主張する根拠はもはやない。取り上げられても仕方がないという立場の弱さがあったのではないか。

こうして、明治元年以来、諸大名の屋敷は次々と没収されていった。旗本・御家人といった幕臣の屋敷の運命については後述する。

大名屋敷が没収されることで東京（江戸）詰家臣の数が減った結果、東京の武家人口は激減する。だが、すでに幕末の頃より江戸の武家人口は減少傾向に入っていた。

文久二年（一八六二）閏八月二二日、幕府は参勤交代制を緩和する。諸大名の江戸参勤を、以後は三年に一度とし、江戸在府期間も一〇〇日に縮小した。また、江戸に置いていた妻子を国元に帰国させても構わない、大名が国元に戻っている場合は江戸屋敷には多くの家臣を置かないようにせよ、という指令もこのとき併せて出されている。

さらに、翌文久三年三月には、時の一四代将軍徳川家茂《いえもち》が上洛《じょうらく》し、江戸を長く離れてしまう。将軍だけでなく、幕府首脳部や多数の幕臣団はもちろん、諸大名も江戸を離れていった。当然、江戸詰家臣の数も減る。

そして幕府が倒れて官軍が江戸に入ると、諸大名の帰国が相次ぐ。家臣たちも帰国する。

さらに、屋敷が没収されていく。

このため、幕末から明治初年にかけて東京は人口が急減し、寂れていく。前述したように、一〇〇万都市江戸の武家人口は約五〇万人といわれるが、その大半は大名の家臣たちで占められていたため、諸大名の帰国が及ぼした影響は大きかった。

再び東京の人口が増えるのは、明治四年の廃藩置県を経て、旧大名たちが東京に住みはじめるのを待たなければならなかった。

皇居の再建と官庁街の建設

江戸城西丸御殿を母体とする皇居つまり宮殿は、明治六年（一八七三）五月五日未明、女官部屋からの出火で焼失する。ここに江戸以来の御殿は事実上消滅した。

宮殿が再建されるまでの間、皇居は赤坂に置かれた。かつて、紀州徳川家の中屋敷が置かれていた場所である。

本来、大名が生活する屋敷は上屋敷だが、紀州家の場合は、麹町《こうじまち》の上屋敷が手狭だったこともあり、赤坂中屋敷が上屋敷としての機能を果たしていた。

明治政府は大名屋敷の大半を取り上げ、官用地や軍用地に転用していくが、赤坂中屋敷は、離宮という形で天皇の住居に指定される。現在、赤坂御用邸が広がる一帯だ。

一方、宮殿の再建は政府の財政難もあり、なかなか進まなかった。ようやく、明治一七年四月に入って起工している。

新宮殿が竣工《しゅんこう》したのは、明治二一年一〇月一〇日のこと。総工費は約四九〇万円にものぼった。総面積は約五八五七坪。平屋だが、その一部は二階建てだった。天皇が馬車に乗って赤坂の仮皇居から新宮殿に移ったのは、翌明治二二年一月一一日のことである（前掲『新編千代田区史』通史編）。

一方、皇居の周りの旧大名屋敷街は官庁街に変貌《へんぼう》していった。

明治政府は接収した大名屋敷を、中央官庁を建設するための官用地に転用したが、兵営や練兵場、軍需工場などの軍用地にも転用している。中央官庁でいうと、大手町に大蔵省、内務省、文部省、丸の内に司法省、霞が関には外務省が建設された。有楽町には陸軍省が建設され、軍用地である練兵場は日比谷に置かれた。

ちなみに、日比谷の練兵場はのちに三菱に払い下げられ、丸の内のビジネス街が誕生することになる。

近代都市東京への改造

近代都市東京の建設といえば、官庁街とともに、銀座煉瓦街《れんががい》の建設は忘れてはならない事業だ。

町奉行所与力・同心の住居としても知られる八丁堀に近い銀座の地は、江戸の頃、銀貨の鋳造所である銀座が置かれたことで「銀座」が俗称となった。かつては新両替町といったが、明治に入ると、銀座が正式の町名になったわけだ。

銀座というと、現在も流行の最先端を行く街というイメージが強いが、そんなイメージは明治以来のものである。その大きな契機となったのが明治五年（一八七二）二月に銀座を襲った大火である。

当時、欧米各国との不平等条約の改正交渉を控えていた政府は、銀座を煉瓦街として再建、つまりは改造することで、首都東京の外観を整えようとはかる。条約を改正するのにふさわしい近代国家であることをアピールしようとしたのだ。

こうして、銀座煉瓦街の建設は国家事業として進められることになった。そして大火の三年後に、洋式の煉瓦街が竣工する。ハイカラな銀座の代名詞であるガス燈も設置された。

しかし、入居者からは湿気や雨漏りの不満が続出し、空き家も多かった。そのため、銀座煉瓦街は和風化せざるを得なかった。結局、重々しい屋根を持ち、格子や軒裏を漆喰《しっくい》で塗り固めた塗屋造の町家の形を取った煉瓦街になってしまう。

同じく八丁堀に近い築地は、現在では魚市場の街というイメージが強いが、江戸の頃は大名や旗本の屋敷が集中する屋敷街だった。その一方、江戸湾に面し隅田川の河口にも近かったため、船舶が出入りする港町としての顔も合わせ持っていた。

明治元年、政府は築地を外国に開放し、居留地（外国人が土地を借りて建物を建設し、交易業務をおこなうことを許可した区域）を造成した。すでに横浜は開港場として発展を遂げていたが、横浜から日本橋の問屋街に荷物を搬入する際の中継基地として、築地に白羽の矢が立ったのである。東京運上所が置かれ、外国人旅館である築地ホテル館も建設された。

築地居留地の総面積は二万八〇〇〇坪。明治一〇年の数字によれば、九七人の外国人が住んでいた（石塚裕道、成田龍一『東京都の百年』）。

こうして、東京では八丁堀に近い築地や銀座などから洋風化が進んでいった。〝江戸〟が徐々に消え、近代都市東京へと変貌していくのである。

3　江戸を去る幕臣たち

拝領屋敷の没収

江戸時代の都市行政システムや、江戸を思い起こさせる建物が解体していく様子をみてきた。そして、幕臣たちの多くも、この頃、江戸を去っている。

第一章で述べたように、明治政府は、政府に仕える意思のない幕臣を江戸から立ち退かせるよう、静岡藩主徳川家達に求めていた。幕臣の数は三万人強。家族や家来を含めれば一〇万人近くだろう。

これだけの人数が東京に在住し続けるのは、新政府にとって恐怖だったに違いない。このため、政府に出仕する意思がなければ立ち退くよう命じたのである。

よって、幕臣たちは江戸を去るのだが、その大半は、藩主徳川家達に御供する形で静岡に移住していく。あるいは、徳川家に御暇願を出して、農業や商業をはじめる。その場合も、屋敷を立ち退かなければならなかった。

彼らは屋敷を立ち退く際に、家財を売り払っている。

幕府の土崩瓦解《どほうがかい》と共に、江戸四里四方内に、拝領居住の大小邸宅を、悉皆《しつかい》上納して、以て俄《にわか》に浪人と成り、或は帰商し、或は帰農して、向後の生計を立つべき為めに、累代伝家の什物器具類を売払ひて、金銭に換へ、之《これ》を其《その》自立渡世の資本に加へざるを得ざる境遇に及びければ、書画や、骨董や、武器馬具の属や、庭園内の石燈籠や、植木鉢や、金石製手水鉢や、其他、手ごろの山石海岩等、孰《いず》れも之を即売に付しけれども、売る人多くして、之を買ふ者少なきゆゑに、其価格愈《いよい》よ低落して、殆《ほとん》ど瓦礫《がれき》と択《えら》ぶ所無きなり、然れども、之を保存護持すべき方策有らざるを以て、遂に涙を揮《ふる》ひ二束三文の賤価《せんか》を甘んじて、之を手放す事となりける

（小澤圭次郎『明治庭園記』）

今後の生活費、あるいは商売や農業をはじめる際の元手にするため家財を売却したが、そのなかには武具や馬具、重代の家宝まで含まれていた。また、屋敷内の庭園に置かれた石燈籠や植木鉢まで売却している。

家宝にせよ、石燈籠にせよ、かなりの高級品だったようだが、一気に市場に流れ出てしまえば、需給バランスが崩れて相場が暴落するのは避けられない。ほとんど二束三文で売却せざるを得なかったというわけだ。

士族の商法

こうして、江戸城周辺から幕臣の姿は消えていったが、静岡藩士としての道を選択した幕臣は、その後どうなったのか。

その数は、優に一万人を超えていた。したがって、徳川家が、それまでの生活水準を維持するに足りる俸禄米を彼らに支給することなど、とても無理だった。

許容範囲をはるかに超える家臣を抱えた静岡藩としては、当然ながら藩士たちの俸禄を大幅カットする。さらに、住む場所もお粗末なものしか与えることができなかった。

そのため、農家の小屋を借りて住む藩士も大勢いた。苦難の生活を強いられた彼らは、やがて零落し、歴史の闇に消えていく。

政府に仕えることを潔しとしない幕臣たちのもう一つの選択は、前述したように、商売や農業をはじめることだった。だが、これにしても悲惨な結末に終わる事例が多かった。

幕臣たちがはじめた商売は、酒屋、米屋、古着屋、小間物屋などバラエティに富んでいたが、とりわけ多かったのは汁粉屋、団子屋、炭薪屋、そして古道具屋だ。道具屋をはじめる場合、元手となる道具類は、自分の家に先祖代々伝わる膳《ぜん》、椀《わん》、簞笥《たんす》、槍《やり》などの家宝ということになる。

しかし、武士がいきなり商売をはじめても、うまくいくはずはない。結局は大赤字となり、閉店に追い込まれるのが関の山。いわゆる〝武士(士族)の商法〟だったのだ。

当時の幕臣の気持ちをリアルに証言した塚原靖(第一章参照)は、次のような事例を紹介している。

私の知っている市ヶ谷本村蓮池の御先手与力の某はこの金貸を始めた。私、或るとき行って見ると、大勢の借り手が入替り立替り来る。それらがまたみな砂糖だ、酒だ、菓子だ、反物だというを持って来る。その家の細君が意気揚々と「塚原さん、商売はお金を貸すのに限りますよ。お金貸はいいものですよ。割のいい利を取って、手堅い証文を入れさした上に、こうように毎日いろいろな品物を貰います。これを始めてから菓子に酒に鶏卵に鰹節に魚というを買ったことはございませんよ、ほんとにいい商法！」と説き誇る。その買わぬはよかったが、肝腎の貸した金は悉皆倒されて、この年の内に五六百両を空虚《から》にして、後には夫婦乞食になったとか聞きました。

（前掲「明治元年」）

金貸しをはじめた御家人（御先手与力）が貸し倒れとなってしまった、悲惨な事例である。これなども、武士の商法の結末としてよくみられたパターンのようだ。

注目を浴びる静岡藩

明治二年（一八六九）六月一七日、明治政府は諸藩からの申し出を認めるという形で、各藩が支配する土地と人民、つまり領主権を回収した。歴史教科書にも記述がある版籍奉還のことである。

そのうえで、藩主をあらためて知藩事に任命した。これ以降、知藩事は政府から任命された地方長官という扱いになった。静岡藩主徳川家達も、版籍奉還に伴い、静岡藩知事に任命される。

静岡藩は七〇万石の身上では賄い切れない多数の藩士を抱え、財政難に苦しんでいたが、その一方、学問や軍事面のレベルは他藩の追随を許さないほど高かった。かつての幕府が母体である以上、当然と言えなくもない。そもそも江戸幕府は、他藩の藩士のなかから、学問や技量に秀でた者を幕臣として積極的に登用していた。たとえば、中津藩士だった福沢諭吉もその一人である。

人材不足に悩む明治政府は、タレントの宝庫である静岡藩に目を付け、そこから優秀な人材を引き抜いていく。

静岡藩には、全国から注目された二つの教育機関があった。明治元年一〇月に設置された静岡学問所では、江戸時代からの伝統的な学問である漢学や国学のほか、英語、仏語、蘭語、独語の学習コースまであった。さらに、武士だけでなく町人や農民にも門戸が開かれており、その点でも、時代の最先端を行く教育機関だった。

続けて明治二年正月に、静岡藩は沼津城内に沼津兵学校を設置した。頭取に任命されたのは、津和野藩士から幕臣に登用された西周《にしあまね》である。

沼津兵学校は旧幕府陸軍を母体としており、当初は陸軍士官学校のような性格を有していた。しかし、西は政律、史道、医科、利用の四科を新設することで、武官だけでなく文官も養成する総合大学のような機能を持たせようとした。

教授陣も、旧幕府時代に渡欧・渡米経験がある者たちが名を連ねた。特に数学教育では定評があり「沼津兵学校の生徒は数学に長じている」との評判を取ったほどだった。

こうして、沼津兵学校は静岡学問所とともに、時代の最先端を行く教育機関として全国から注目されるようになり、諸藩からの留学希望者が殺到することとなった（樋口雄彦『旧幕臣の明治維新』）。

引き抜かれる静岡藩士たち

第四章で述べるが、明治の実業界のシンボルとして、渋沢栄一の名前は広く知られているだろう。日本の近代化を象徴する人物の一人だが、渋沢が最後の将軍徳川慶喜の側近として幕臣であったことや、一時期静岡藩士だったことは、あまり知られていない。

静岡藩は、その身上を超える家臣を抱えて財政難に苦しんでいたが、渋沢は商法会所の設立を建議し、その頭取となる。駿河・遠江二国の豪農商に拠出させた資本と政府からの拝借金を元手に、商業活動を手広く展開することで藩財政を富ませようとしたのである。

明治二年（一八六九）一月に設置された商法会所は、年貢米売却のほか、米穀などの日用品を大量に購入して藩内に販売した。その一方、藩の主要産物である茶や漆器などを藩外に販売している。商品を抵当として金融活動も展開するほか、肥料を大量に買い付けて農民に貸与した。

こうした経済活動により、商法会所は八万六〇〇〇両もの利益を上げる。当然ながら、渋沢の手腕も注目の的となった（前掲『静岡県史』通史編五）。

同年一二月、渋沢は政府の命により東京へ出たところ、大蔵省への出仕を命じられた。当初、渋沢は固辞したが、大蔵大輔《おおくらたいふ》だった大隈重信の説得を受け入れ、大蔵官僚（租税正）として租税事務にあたることになる。明治三年春には、同じ静岡藩士の前島密《ひそか》らも、大蔵省に出仕していく。

渋沢や前島の手腕に目を付けた政府当局者が、静岡藩から引き抜いた格好だが、こうした静岡藩士の引き抜きは、静岡学問所や沼津兵学校でもみられた。静岡学問所の運営にあたった津田真道《まみち》は、司法省に出仕している。沼津兵学校の教授陣も次々と引き抜かれ、明治三年九月には、頭取の西周も、政府の命を断り切れず上京する。

こうした政府による静岡藩士の引き抜きは、幕臣に優秀な人材が揃《そろ》っていたことを、まさに政府自身が表明したものにほかならなかった。

初期の明治政府は、幕臣たちによって大きく支えられていたのである。

第三章　東京府の混乱

1　士族授産の失敗

荒れ野原の東京

江戸が解体することで、近代日本の「首都」東京が生まれていく。

だが、その歩みは決して順調なものではなかった。歴史教科書のイメージでは、江戸から明治へと時代が移り変わると文明開化の世となり、首都東京も近代化、西洋化が急速に進んでいく印象が強いが、現実はそうではなかった。

近代日本の女性解放運動のシンボルである山川菊栄《きくえ》の著作に、『おんな二代の記』という聞き書きがある。菊栄の母、青山千世《ちせ》が見聞した明治維新期の東京の様子が活写されている作品だ。

千世は、安政四年（一八五七）に水戸藩士青山延寿の娘として生まれ、明治五年（一八七二）、父の延寿が東京府地誌課長に任命されたことで上京する。

明治維新直後の東京について、千世は次のように語る。

三百諸侯と旗本八万騎という寄生階級を中心に栄えていた消費都市江戸は、武家制度が亡びると同時に荒れはて、多くの屋敷は解きほぐしてよそへ運ばれ、空地にしげった立木、庭石や泉水ばかり残されていたり、彼らが何代もすみふるしてすてていったボロ長屋に明治政府の役人となった田舎ざむらいが巣をくっていたり、ところどころにわずかに灯影のほのめく荒れ野原が、そのころの山の手の姿でした。延寿は出京後まもない明治五年五月、本郷から愛宕山までいったときのことを漢文で書き残していますが、あらまし次のようなものです。

（山川菊栄『おんな二代の記』）

明治五年というと、前年に廃藩置県が断行された年だ。第二章で述べたとおり、幕末から明治初年にかけて東京は人口が急減し、町に活気がなくなった。千世も、旗本などの武家屋敷が放置され、その庭園が荒廃していた山の手の状況を述べている。

こうした状況が克服されるには、廃藩置県を経て中央集権化が進行し、人口が再び増加するのを待たなければならなかったが、明治五年の段階では、依然として、明治初年以来の荒廃した状況のままだった。これが、一般にはほとんど知られていない、明治維新直後の東京の真実の姿なのである。

一極集中の功罪

千世とは違い、かつての江戸の繁栄を知っている父の延寿は、当時の東京を以下のように描写している。

旧水戸藩邸のあと、後楽園周辺の地域は練兵場となって一面に細い草につつまれ、九段坂をのぼると、新築したての招魂社(靖国神社)がりっぱなだけだ。この辺一帯、高い土塀をめぐらし、棟の高い堂々たる旗本屋敷ばかりだった昔にひきかえ、今はあたり一面麦畑、菜畑になってしまい、おりおりの雉子《きじ》の声がきこえるばかり。瓦や小石や馬や犬の糞や、土くれがうず高く道をうずめている。麹町通りをすぎ、平川町に出、日枝神社にまいると、ここだけは昔のままにりっぱなお宮が残っている。ここから東へ十町、新橋までの間、昔は豪勢な大名屋敷がつづいていたのだが、今は瓦がお

ち、練塀がはげ、棟は朽ち、青草がしげっているばかり。（同前）

九段は、旗本屋敷が立ち並ぶ武家屋敷街として知られていた。ところが、今は住む主を失い、麦畑や野菜畑に変じてしまった。

明治政府に仕える意思のない幕臣から屋敷を取り上げたものの、その管理までは十分に対応できなかったため荒れ果てた状態になっており、政府は、後述するように桑や茶の植付を奨励する。農地にしようとしたわけだが、そんな政府の掛け声に応じて、土地を下げ渡された者たちが麦や野菜を栽培した結果、麦畑や野菜畑に変身したのだろう。

旗本屋敷だけではない。大名屋敷にしても事情は同じだった。新橋界隈は、仙台藩伊達家の上・中屋敷や会津藩松平家の中屋敷などが立ち並ぶ大名屋敷街だったが、当時は管理する者もおらず、放置された状態だった様子が浮かんでくる。

また、延寿は愛宕山《あたごやま》に登った。江戸の三分の一が見渡せたという山である。かつて愛宕山からは、延々と人家が続く江戸の町が遠望できたが、今はどうなのか。

愛宕山にのぼると海天一色、遠く房総の山々が海をめぐっている景色はまったく昔と変らない。首をめぐらせば北に江戸城があり、さらに遠く雲霞のなかに本願寺と浅草寺の屋根が見える。昔とちがったのは、かつては見わたすかぎり、数里のあいだ、錐《きり》をたてる隙もないほど人家がたてこんでいたのにひきかえ、今はいたるところに草のしげった空地が緑のもうせんをひろげたように見えることである。やがてひとりの老人がやってきて、あたりを歩きまわり、今昔の感に堪えないもののように『ああこれではまるで草原だ。いつになったら昔のお江戸の繁昌が見られることかなあ』とかこった。

（同前）

大名屋敷や旗本屋敷だけでなく、商家や長屋でも取り壊されてしまったものが多かったようだ。江戸の繁栄を知っている老人からすると、「草原になってしまった」と嘆じざるを得ないところだろう。

しかし、延寿の感想は少し違っていた。

私は黙って傍にいたが、思うに、昔の江戸の繁昌はけっして健全なものではなかった。富と文化と人口とが江戸に集中し、地方が余りにも貧しすぎた。今や諸藩はその封土を朝廷に返し、無用な邸宅もまた官に帰し、家臣たちは郷土に帰って農耕に従い、都下の人口は約半減し、武家屋敷の屋根は傾き、練塀ははげ落ち、草は地をおおうている。しかしこれは都市が痩《や》せて天下が肥えるのだから結構ではないか、と自分は考えた。（同前）

富や人口が一極集中していたことで江戸の繁栄がもたらされていたことを踏まえれば、たとえ東京の人口が半減し、その結果衰退したとしても、天下にとっては決して悪いことではない。その分、富が地方に分散されればよい、というのである。

桑茶《くわちゃ》政策の挫折《ざせつ》

こうした東京の荒廃ぶりに、政府当局はただ手をこまねいていたわけではない。そこで打ち出したのが、政府が収公した武家地への桑茶植付の奨励だった。

明治二年（一八六九）八月二〇日、東京府知事大木喬任《たかとう》の発案により、桑茶政策と俗称される政策が開始された。府の物産局の担当だったが、まずは布告文から読んでみよう。

当府下の儀、従前は諸藩人員輻輳《ふくそう》致し、人民自ら生産も相立ち居り候《そうら》えども、皇国中を相平均し候はば、東京地方のみ人烟稠密《じんえんちゅうみつ》を競ひ候訳これ無く、徒《いたず》らに浮食遊手に安んじ、奢侈《しゃし》の末弊をのみ慕ひ候様にては、自然と一己の不為は勿論、自然と皇国全体の御衰微にこれ有り、依《より》ては先般御一新更始の御旨意を体認し奉り、何《いず》れも持久生産の目計相立ち候様、銘々工夫致すべきは勿論に付き、東京中朱引内外諸屋敷上地《あげち》の分、桑茶園仕立て申すべし、左候はば後来に至り、開産の一助にも相成るべく候間、一己の私利を計らず、大小力を合せ、たとへ聊かの地所たりとも捨置かず候様心掛け、志願の者に左の通り規則相心得申し立つべく候事。

（『都史紀要一三　明治初年の武家地処理問題』）

東京府民は江戸の頃、参勤交代制により江戸に住んでいた大名とその家臣数十万人を相手として生業（生産）を営んでいた。しかし、その制度も消滅した今は、当然ながら仕事がなくなり、火の消えたようになった江戸は衰微してしまった。

よって、収公した屋敷地に桑や茶を植え付ければ、後年、新たな産業を生み出す（開産）一助にもなるというのだ。蚕糸《さんし》（生糸）と茶が日本の主力輸出品だったことが、この桑茶政策の背景にあった。そして、以下の細則が続く。

規則

一、今般府下開産のため御郭《おくるわ》内外幷《ならびに》市在とも、諸邸宅上地の分開発致すべく候、右は府物産局にて取扱い候事。

一、開発の場所植付け物の儀は、桑茶の二種を専《もっぱ》らとすべし、若《も》し地味不相応或《あるい》は既《すで》に他の作物植付けこれ有る場所は、申し立てにより見分の上畠地に致すべく候事。

但し桑茶の場と畠地の場は杭《くい》相立て、区別致すべく候条相心得るべき事。

一、桑茶植付けたき見込の者は身分に拘《かかわ》らず、場所見立て願い出るべし、入札の上地所買下げ申し付くべし、地所拝借にて右二種植付けたき者は、願い次第吟味の上申し付け候間、地代上納致し候儀と相心得るべく候事。

一、地所受取り候者は四ケ月の内桑茶夫々《それぞれ》植付け、蒔《まき》付くるべし、右両種を仕付けず候て外作物等仕付け候儀は相成らず、右期月に至り、猶《なお》等閑に致し置き候者は地所取上げ候事。

但し植付けの時節過不及《かふきゅう》もこれ有る間、情実次第開き置くべく候、尤《もっとも》桑茶植付け生木まで、其間畔《あぜ》え他のもの蒔付け候儀は苦しからず候えども、右両種を麁《そ》略《りゃく》にいたし、他の作物専務に致し候に及びては急度《きっと》申し付くべき事。（同前）

桑か茶を植え付けたいと希望する者は、希望の場所を申し立て、地所の払い下げを受けることになっており（第三条目）、その後四カ月以内に植え付けることになっていた。他の作物を植えてはならず、四カ月たっても何も植え付けしない場合は払い下げ地は没収（第四条目）。ただし、地味が悪ければ、他の作物を植えることも可能だった（第二条目）。政府・東京府としては、荒廃した広大な旧武家地を桑・茶畑にして生糸や茶を大量に輸出し、国を富ませようという目論みがあった。

こうして、東京の土地は桑・茶畑と化していく。明治六年三月の調査によれば、開墾対象となった武家地は九一〇万六七七〇坪。そのうち、農園となったのは一一二万五二〇七坪にも及んだという。一時期、東京が桑畑と茶畑に変じていた様子が浮かんでくる数字だ。だが、この桑茶政策は失敗する。屋敷地として使われていた土地をいきなり桑・茶畑にしても、育つはずはない。

発案者の大木は、次のように回顧する。

自分が参与から東京府知事の兼任を命ぜられた当時、第一にその処置に困ったのは旧大名及び幕府旗下の士の邸宅である。塀は頽《すた》れ、家は壊れて、寂寞たる有様。これが東京府の大部分を占めておったのである。で、自分はこの荒屋敷へ桑茶を植え付けて殖産興業の道を開こうと思った。今から思うとずいぶん馬鹿な考えで、桑田変じて海となるということはあるが、都会変じて桑田となるというのだから、確かに自分の大失敗であったに相違ない。

（同好史談会編『史話　明治初年』）

牧場が広がる東京の街

明治政府は、東京では桑茶政策を推進していたが、これは明治政府のスローガンでもある殖産興業の一環にほかならない。廃藩置県、秩禄《ちつろく》処分という武士に対する一連のリストラを通じて生活の糧を失った、士族（武士）たちの授産の試みという側面もあった。

この時代、東京在住の幕臣に限らず、牧畜業に参入する士族は多かった。つまりは搾《さく》乳《にゅう》業への進出である。

当時、牛乳を飲むことは文明開化の象徴とされた。明治天皇も飲んでいるという評判も、そのブームを後押しする。

幕臣として明治政府に最後まで抵抗した榎本武揚は、外務大臣などを歴任し政府高官にまでのぼりつめるが、現在の飯田橋駅近くで「北辰社」と呼ばれる牧場を経営していた。幕末に榎本は四年間、オランダに留学していた西洋通である。牛乳の知識は当然あったはずだ。

意外なところでは、芥川龍之介の父である新原敏三が、築地で「耕牧舎」という牧場を経営していた。ちなみに、龍之介が生まれたのは築地である。

牛乳は新鮮さが求められたため、東京の市街地に近い所で牧場を持つ必要があった。そこで目を付けられたのが、江戸の各所に広がる荒地化していた武家地だったというわけだ。北辰社の置かれた飯田橋は、旗本屋敷が集中していた九段の周辺であり、耕牧舎のあった築地も旗本屋敷街。そのほか、同じく旗本屋敷街として知られた麴町や牛込でも牧場が作られた。こうして、かつての武家屋敷街が牧場に生まれ変わり、東京市民が飲む牛乳が生産されていく。東京の酪農業は江戸の武家屋敷街から生まれたのだ。

東京府知事の由利公正《ゆりきみまさ》も、明治四年（一八七一）に乳牛を購入し、六年には木挽町《こびきちょう》に搾乳業の会社を作った。木挽町とは、現在の銀座だ。

だが、牛の排泄物《はいせつぶつ》などが衛生上の大問題となる。早くも同年に、政府は市街地での牛や豚の飼育を禁止する。牛豚飼育により近隣に悪臭が漂い、伝染病流行の危険性が高まったからだ。当時は、コレラなどの伝染病が周期的に流行して多数の死者を出し、一時的にパニックまで起きていた。

ただこのときは、搾乳牛に関しては、不潔にしない、悪臭を出さないという条件のもと、飼育が許可されている。つまり、禁止対象となったのは食用の牛や豚の飼育だった。牛肉を食べることが文明開化の象徴とみなされていたエピソードは、よく知られているだろう。

しかし、東京の人口が再び増えていくにつれ、搾乳牛の飼育も難しくなるのは時間の問題だった。そして、牧場は郊外に移転していく。由利の牧場も、明治九年には郊外の板橋への移転を余儀なくされるのである（『板橋区史』通史編下巻）。

牛のほか、意外にもウサギの飼育が東京では盛んだった。政府の奨励もあり、士族たちは養兎に次々と手を出す。種兎を購入し、屋敷地を飼育場として繁殖させた。

だが、この養兎業も大失敗に終わる。奨励した政府自身、繁殖させた兎の肉を食用にするのか、それとも皮を売るのか、確たる見込みがなかったからだ。となれば、持ち金をはたいて種兎を購入した士族たちが零落するのは必定だ。

桑茶や養兎に限らず、政府奨励の事業に投資して失敗し、破産への道を余儀なくされた士族たちは数知れず。こうして不満は高まり、西南戦争に帰結する士族の反乱への道が開かれていく。

士族の反乱は、明治維新を成し遂げた西南諸藩を舞台として起きたわけだが、東京でも幕末以来の社会不安が続いていた。よって、政府は対抗措置として市内の取り締まりを強化するのである。

2　警察制度の整備

治安の悪化

すでに述べたとおり、幕末から明治初年にかけて東京の人口は激減した。この人口減少を背景にした不景気も相まって、首都の治安は極度に悪化する。明治政府は東京の治安維持に奔走するが、それは警視庁創設への道でもあった。

まずは、警視庁創設に至る東京の治安組織の変遷について整理してみよう。

慶応四年（一八六八）七月一七日、江戸は東京と改められ、東京府が置かれた。江戸の治安を預かっていた南北両町奉行所は、南北市政裁判所と改称されていたが、東京府設置に伴い廃止される。以後、東京の治安は東京府が担うことになる。

東京府のなかで治安維持を担当したのは、「捕亡方《ほぼうかた》」である。市中の見廻りを任務とする町廻りの与力・同心を改称しただけだったが、その数は三〇人ほど。だが、そんな陣容では、東京の治安を守るなどとうてい無理だったことはいうまでもない。

江戸の頃は、与力・同心の下に目明かしと称された岡引きや子分の下引きが一〇〇〇人以上いて、奉行所の警察業務を下支えしていた。しかし、明治政府が町奉行所を接収し、東京府をして東京の治安を担わせる際、こうした下支えの構造にもメスが入る。その分、治安体制は弱体化したが、それに代るものとして組織されたのが市中取締隊だった。

八月二一日、政府からの指令に基づき薩摩藩など一二藩が東京府に藩士を差し出すことで、市中取締隊は誕生する。東京の治安は町奉行所時代以来の与力・同心・岡引きたちではなく、官軍として江戸に入ってきた諸藩の藩兵により維持するという方針は、翌年にはさらに強化される。治安体制の面でも、江戸の解体は進行していった。

明治二年（一八六九）一一月、東京府は市中取締隊を府兵と改称し、その管轄下に置いた。それまでは、藩士を供出している形の諸藩の了解を得なければ取締隊を進退させることが難しかったが、以後は府の権限下に置くことになったのである。その兵力は、四一藩二五〇〇人だった。

福沢諭吉とポリス

しかし、東京府兵は名称のとおり兵隊、つまり軍隊だった。東京の街を、鉄砲を担いだ兵士が行き来していてはあたかも戦地のようであり、いかがなものかという意見が政府部内では持ち上がっていた。依然として「日本は社会が安定していない」と内外に受け取られるのを危惧したのである。

ここで登場するのが、あの福沢諭吉である。その自伝『福翁自伝』を読んでみる。

> 当時東京の取締りには邏卒《らそつ》とか何とかいう名を付けて、諸藩の兵士が鉄砲を担いで市中を巡回しているその有様は、殺風景とも何とも、丸で戦地のように見える。政府もこれを宜《よ》くないことと思い、西洋風にポリスの仕組に改革しようと心付きはしたが、さてそのポリスとは全体ドンナものであるか、概略でも宜しい、取り調べてくれぬかと、役人が私方に来て懇々内談する
>
> （福沢諭吉『新訂福翁自伝』）

当時、政府は西洋に倣《なら》って、東京の街をポリスに巡回させる体制の構築をはかっていた。警察制度の導入である。ただ、その具体像が不明であるため、西洋通として知られた諭吉に、その解説を依頼したのだ。すでに諭吉には、西洋の制度などを紹介した『西洋事情』というベストセラーがあった。

ソレカラ私は色々な原書を集めて警察法に関する部分を翻訳し、綴り合わせて一冊に認《したた》め、そうそう清書して差出したところが、東京府ではこの翻訳を種にしてなお市中の実際を斟酌《しんしゃく》し様々に工夫して、断然かの兵士の巡回を廃し、改めて巡邏《じゅんら》というものを組織し、後にこれを巡査と改名して、東京市中に平和穏当の取締法が出来ました。

(同前)

諭吉が原書から翻訳したポリスの解説書は、「取締の法」という題名だった。フランス、イギリス、アメリカの警察制度が解説されていた。

明治三年（一八七〇）閏一〇月一三日、「取締の法」は当局に提出された。この「取締の法」を土台として、軍隊ではなく警察によって東京の治安が守られるシステムの構築が目指されていく。

邏卒制と番人制の採用

当初、東京府は「卒族」つまり御家人クラスの旧幕臣をポリスとして採用する案を持っていた。職を失った彼らをポリスという形で雇用しようという失業対策の側面もあったわけだ。

だが、この案は明治四年（一八七一）七月の廃藩置県後、たち消えとなる。旧幕臣ではなく、各府県からポリスが徴募されることになった。同年一〇月のことである。

その数は三〇〇〇人。そのうち二〇〇〇人が鹿児島県（旧薩摩藩）出身者で占められた。一一月に府兵は解散となり、ここに、東京の治安は鹿児島県人を中心とする他府県の者によって担われることになる。

ポリスは邏卒とも呼ばれたが、明治五年五月に邏卒が正式名称になっている。

こうして、東京府は直属の警察機構を持つに至ったが、とりわけ明治初年は組織の変更が頻繁な時期であり、警察機構も例外ではなかった。

この頃、司法省は司法卿江藤新平を中心に、画一化された全国的な警察組織を作ろうとしていた。司法省警保寮から各府県に大警視を派遣し、警部・巡査の業務を監督させるというのである。

同年八月には、東京府の管轄下にあった邏卒は司法省に移管されており、警察機構を各府県ではなく中央の司法省のもとに一元化しようとしたわけだ。

その一方、各府県には番人が置かれた。警察業務を下支えする者だが、一〇月二八日、東京府は次の布告を管下の町に出している。

府下取締り候儀に付きては、府兵設置《もうけお》き候以来続て邏卒を置かれ、人民保護の筋厚く御世話成し下され候えども、右は府下騒擾《そうじよう》の後、出格の訳を以て取設置き候儀にて、其《その》実は、人民の安寧は人民自ら之《これ》を保護するは相当の儀に付き、今般是迄《これまで》邏卒御改め置き相成るべく候条、自今海外各国の方法に照準し、各区中民費を以て番人取立て申すべく候。

（『都史紀要二二　明治初年の自治体警察番人制度』）

自分たちの安全は自分たちで守るべきであるとして、国費ではなく民費から拠出された給料をもって番人を雇うよう命じたのだ。

東京警視庁の創設

こうして、司法省警保寮が東京府の治安を預かるシステムが構築されたが、明治七年（一八七四）一月一〇日、警保寮は司法省から内務省に移管される。いったい何があったのか。

前年の一〇月、征韓論をめぐって政府は分裂してしまう。西郷隆盛ら五人の参議が下野していくが、鹿児島県＝旧薩摩藩の影響力が強かった警保寮内の征韓論派は、西郷たちの復帰と征韓の断行を求めて政治運動を展開する。

こうした動きは、政府から危険視されるが、鹿児島県出身の邏卒たちは西郷を追って続々と帰国する。当然ながら、警察組織は弱体化し、社会不安は一層増す。

よって、そうした状況を打開するため、大久保利通は警保寮を内務省に移管させた。さらに同月一五日には東京警視庁が創設される。西郷を追って帰国した邏卒の補充の意味合いもあったが、一七日には邏卒の二〇〇〇人増員が決定している。旧長州藩や、戊辰《ぼしん》戦争時に朝敵となった諸藩出身者が多いのが特徴だった。対薩摩シフトといったところだ。

邏卒の増員により、番人は存在意義を失う。東京各所に置かれた番人も廃止の道を辿ることになる。

二月五日、大久保より東京府に次の通達が下された。

> 府下番人の儀は、一般民費を以て取立ての御趣意にこれ有り候処、右は過分の民費相成り候のみならず、到底強賊暴徒等制圧行き届き難く候に付き、今般番人を廃し、更に精選の巡査二千人を増置し、人民安寧保護の事、一層手厚の御趣意にて、右の経費一切、官の支給相成るべく積《つも》りに付き、府下人民に於ても、厚く保護を受け候上は、経費中の幾分を出《いだ》し候は、是又《これまた》人民の義務に候条、此《この》旨相心得、巡査宿料の義は府民より差出し候様致すべし。尤《もっとも》賦課方法の義は、詳細取調べの上伺い出るべく候。此

旨相達し候事。

（同前）

番人廃止の理由として、その給料の負担が府民にとって過重であること、その力では暴徒を押さえ切れないことが挙げられている。

よって、番人を廃止し、邏卒（巡査）二〇〇〇人を徴募した。その経費は国費から支出するが、その宿泊代は府民が負担するようにという趣旨の通達である。東京府内に巡査の宿舎が置かれていたのだろう。

ここまで、東京の治安悪化を背景に、警察力が強化されていく経緯を追ってきた。

江戸時代は、町奉行所の与力・同心、そして岡引きなど、いわば江戸っ子が江戸の治安維持にあたっていた。ところが明治に入り、そのような治安体制も解体する。市中取締隊、東京府兵、邏卒と、東京の治安の担い手は変遷するが、その主体は諸藩の藩士や他府県の出身者で占められた。江戸っ子の流れを汲《く》む東京府民ではない。

こうした頻繁な組織変更を経て、政府は府民に対する直接支配を強めていく。それは、間接的支配にとどまった江戸からの脱却も意味していた。

3　東京府を去る〝八丁堀の旦那〟たち

新政府官吏に

第一章で登場した佐久間長敬は、天保一〇年（一八三九）の生まれである。父の佐久間長興《おさおき》は辣腕の与力として知られていた。「鬼佐久間」と呼ばれたほどだった。

佐久間が与力見習となったのは、嘉永三年（一八五〇）のこと。吟味方のほか、物価調整にあたる市中取締諸色調掛、異国船来航に伴い新設された海陸御備向御用取扱掛などの重職を歴任した。役職からも、幕末の多難な時期が浮かび上がってくる。

町奉行所引き渡し直前の慶応四年（一八六八）三月一九日には、町奉行支配調役という与力ナンバー2の地位にまでのぼった。そして、引き渡し当日の五月二三日を迎えるが、その後、佐久間はどういう人生を歩んだのか。

引き渡し後、町奉行所は市政裁判所と改称されたが、旧町奉行所の与力・同心たちは新政府からの要請を受け入れ、しばらくの間、奉行所時代と同様の勤務を続けた。七月一七日には市政裁判所が廃止され、東京府が誕生するが、勤務状況に変わりはなかった。この時期、佐久間も町奉行所時代と同様の勤務を続けたのだろう。

しかし、その後間もなく、佐久間は東京府から去ってしまう。他の与力・同心たちも同じ道を辿る。つなぎ役としての期間が終了したということなのだろう。こうした形で、明治政府から切り捨てられてしまう者は多かった。

もちろん、すべての与力・同心が切り捨てられたのではない。才があると認定された者は、引き続き東京府の役人、あるいは新政府の他部署の役人に抜擢されていく。

佐久間の場合は、大蔵省や工部省、司法省の役人に任用された。足柄裁判所長など、実際の裁判事務にもあたった。昔取った杵柄《きねづか》と言ったところだ。

ところが、明治六年一二月二八日、病気を理由に官吏を辞めてしまう。実は病気が理由ではなく、西郷たちが主張した征韓論をめぐる、政府部内の対立が理由だった。

最終的に征韓論は却下され、西郷たちは下野するが、佐久間も征韓論派官吏の一人。佐久間の辞職とは、政府への抗議行動だったのだ。

下野した佐久間は、弁護士のような存在である代言人を務めたり、石油鉱山業などをはじめた。実業界への進出をはかったらしいが、結局のところ事業はうまく行かなかったようだ（西脇康「校訂 佐久間長敬著「稿本・江戸時代罪科隠語詳説」」、『原胤昭旧蔵資料調査報告書（1）』所収）。晩年は埼玉県川越市に居を構え、江戸町奉行所の終焉《しゅうえん》に立ち会った者として、江戸に関する記録の保存・普及活動につとめた。

佐久間の著作としては、先に紹介した『江戸町奉行事蹟問答』がある。同書は、いわば町奉行所の解説書だったが、以下のような問答形式で町奉行所の実像が浮かび上がる構成になっていた。言うまでもなく、解答者が佐久間だが、冒頭は次のような問答である。

問　町奉行創立以来の沿革を承りたし

答　天正十八年、徳川家江戸御入城の砌《みぎり》は、いづれに町奉行所をおかれたるや。中し伝へも承り及ばず候へども、一人の町奉行仰せ付けられたるたと、旧記あり。

慶長五年大坂御出陣の砌、町奉行二人仰せ付けらる。市中二番所を設け、町々の非常を警《いま》しめ、公事・訴訟を聴《きき》しが、寛永十三年、江戸御城の惣構《そうがまえ》御普請《ごふしん》の節、今の中曲輪《なかくるわ》の内にありし町々取払い相成り候節、町奉行所を数寄屋橋御門内と呉服橋御門内と、大城の前面南北の方位に分かち、市中に近き所へ番所を創立。元禄十五年、町奉行一人相増し、鍛冶橋《かじばし》御門内へ番所一ケ所取建て、三ケ所にて市中を守りたり。享保四年に至りこれを廃止。古来の如く二ケ所を存し、慶応四年辰五月御維新の際大総督府へ引き渡し、町奉行番所の唱へ、此時終りたり。

（前掲『江戸町奉行事蹟問答』）

キリスト教に入信した与力

町奉行所与力・同心だった者たちの明治後の行方は第五章で詳しくみていくが、個々の人生となると、歴史の闇に消えてしまっていることが多い。その点でいうと、佐久間、そして以下に紹介していく弟の原胤昭が歩んだ道は、貴重な歴史的資料といえるだろう。

原はペリーが来航した嘉永六年（一八五三）に佐久間家に生まれた。長敬より一四歳年下である。のちに、同じ与力の原家に養子に入り、将軍徳川家茂が大坂城で死去した慶応二年（一八六六）に、与力として出仕する。

一四歳で与力となった原は、その二年後、兄とともに町奉行所の終焉に立ち会う。そして市政裁判所の勤務、次いで東京府の役人に転身し、府では、記録方や書記を務めた。

ところが、早くも明治二年（一八六九）にはリストラの対象となり、東京府を去る。このとき、一七歳。

兄の佐久間長敬は政府官吏に登用されたが、原は違う道を歩む。幕臣としての履歴を持つ福地源一郎が開いていた共慣義塾、横浜の修文館などに学ぶ一方、日本人やアメリカ人教師を招いて、自宅に英学所を開設した。つまり英語塾を開いたのだが、その生徒は与力・同心の子弟だった。

一時はつなぎ役として任用されたものの、結局のところ、政権交代を経て、八丁堀の旦那たちは職を失った。原もその一人だ。これから自活の道を探っていかなければならない。となれば、まさに国策である文明開化・西洋化の流れのなか、英語力を身に付けることがいちばんの近道ということになる。明治初年は、英語塾に通うことが若者にとって一種のブームとなっていた。原はそうした流れを読み取り、自身の英語力を付けるとともに、英語塾を通じて仲間というべき与力・同心の子弟を近代社会に送り出そうとしたのだ。

英語塾を開いたのは、明治四年のことである。原は一九歳だったが、七年にはキリスト教に入信する。与力時代は禁教とされたキリスト教を取り締まる立場だったことを踏まえれば、まさしく一八〇度の転換である。

この年、アメリカ人宣教師カロゾロスが経営する英学校築地大学に学んだことが縁となり、カロゾロスから洗礼を受けたのだ。そして、銀座に東京第一長老教会独立銀座教会を創立し、洗礼活動も開始する。明治九年には、銀座に「原女学校」と呼ばれた女学校を建設した。

当時のことを、原は次のように回顧している。「三十間堀の河岸通り」というのが現在の銀座のことだ。

私と旧大垣藩士の戸田欽堂《きんどう》という者とで、明治八、九年の頃キリスト教の本屋を始めたのが今の銀座三丁目楽器店十字屋の成り立ちです。ハーバーから本を取寄せては売ったが、いわば奉仕のためなので損ばかりしていました。私はこの仕事と一緒に三十間堀の河岸通りに原女学校という日本最初のキリスト女学校を建てて生徒を養った。

この学校の学僕をしていたのが先代の十字屋の主人倉田繁太郎で、後に私たちはこの人に店を譲り、戸田が紙風琴《かみふうきん》というものを考えて売らせたのがあすこが楽器店になる初まりです。

（東京日日新聞社会部編『戊辰物語』）

同じく銀座で創業したのが、十字屋という英書の販売店だった。キリスト教関係の書籍も扱った。のちの十字屋楽器店である。

後年、原は十字屋を倉田繁太郎という者に譲るが、倉田は原女学校の学僕だった。

警視庁の尾行を受ける

続けて、原の回顧に耳を傾けてみよう。倉田に十字屋を譲ったのは明治一三年（一八八〇）のことだが、その頃の話である。

私たちが倉田へ店を譲る前に、銀座一丁目東仲通りの東側に煉瓦家屋一棟を打ち抜いて、質屋をやっていた旧幕臣の戸川安宅《やすいえ》という人が一時経営したことがありましたが、戸川が十字屋へ入った後の家には今の元田肇《はじめ》氏が代言人を開業しました。その時分から明治十二、三年にかけてキリストの布教で一生懸命、盛んにクリスマスなどをやりましたが、まだまだ旧思想の国粋論者で一ぱいだった時代ですから時々騒ぎが起きました。大道説教で石を投げつけられたり、本屋へ汚物を投げ込まれたりは毎度のことでした。（同前）

布教活動をしていた原が迫害されていた様子が分かるだろう。キリスト教の布教が自由になったとはいえ、三〇〇年近く禁教の時代が続いた歴史の重みが伝わってくる。さらに、警視庁からも危険人物扱いされる有り様だった。いわば、攻守所を変えるといったところである。開業した「十字屋」という店の名称にしても、十字架を連想させるものとして、当局から危険視されたようだ。

おまけに警視庁が危険人物扱いで尾行をつけたりするので、その圧迫のひどい事キリスト信者などは手も足も出ない。それで「宗教自由に関する嘆願書」というものを持って各役所を訪問し受付と押問答やら居据りやら、なかなかその筋を手こずらせました。何しろ、十字屋という名前をつけるについてもいろいろ問題が起きたという時代でしたから、政府の圧迫は並大抵でなかったのです。その後二、三年経って私は神田須田町の今の三好野総本店のあるところで錦絵の問屋をやった。河野広中氏外六名が福島事件で獄に入った時に、私のところで出した錦絵が「天福六家撰《てんぷくろっかせん》」。政府顚覆を天福ともじって一味の田母野秀顕《たぼのひであき》、花香《はなか》恭次郎、平島松尾と三枚出したら、その絵に犯罪人をほめたような文句があるというのでぴしゃりと発売禁止の命令です。

（同前）

明治一五年には、原は神田三崎町で天福堂という錦絵の店を開業する。クリスマスカードやカレンダーなどを売り出し、翌一六年には錦絵「天福六家撰」を刊行する。だが、この作品が政府当局から目を付けられる。

明治一五年には、自由民権運動への弾圧事件である福島事件が起き、河野広中たち自由党員が捕縛されていた。原はこの福島事件を題材として「天福六家撰」を刊行したが、捕縛された者を賞賛する文言があると当局からクレームが入り、発売禁止の処分が下る。

下獄した与力

ところが、原は発禁処分に対して次のような対応を取ってしまう。それがまずかった。

発売なら悪かろうが無料なら良いんだろうと楯をついて、今の広瀬中佐の銅像のある辺りへ四斗樽をもち出してこの上へ私が乗り、禁止の絵を通行人にくれてやる。大変な人気でしたが、そのため私はますます睨《にら》まれて、罰金三十円禁錮三カ月のうき目を見る事となった。十月一日の下獄、四角な材木で取り囲んだ寒風吹きさらしの石川島の監獄、百人二百人とひとかたまりで打ち込まれている。囚人は、からだとからだをすりつけてわずかに凍死を免れるという有様、私は獄中で今でいうチブスにかかって、死体室へ投《ほう》り込まれ、気がついて見ると、死人と一緒に積み上げられているという次第なのです。そりゃひどいものでした。

（同前）

発売ではなく、無料で配布するのなら罪には問われないだろうとして実行に移したが、当局は新聞紙条例違反という名目で原を検挙する。そして禁固三カ月の判決が下り、一〇月一日に石川島の監獄に投獄されてしまう。江戸時代には、石川島人足寄場という職業訓練所があったところである。奇《く》しくも、原は与力時代に人足寄場の見廻り役を務めたことがあった。

かつて人足寄場が置かれていた石川島は、明治に入ると監獄に変わっていたが、そこは寒風が吹き荒れる劣悪な環境だった。ちょうど隅田川が東京湾に流れ込む河口にあるため、海風も吹き込んでいたのだろう。

さらに、原は監獄でチフスに罹《かか》り、生死をさまよう。この投獄経験が原の後半生を決定付けた。原は出獄人保護（免囚事業）に一生を捧げたことで知られた人物だが、このときの経験が大きな動機となっているのである。

出獄後にいろいろ囚人の事を考えてみると、決して囚人がすべて悪党だとはいわれない。気の毒な人が多い、何とかしたいものだと、この時から免囚事業に一生を捧げる決心をしました。私の家は本来八丁堀の鬼といわれた与力佐久間ですが、次男なので本所の与力原家へ養子となりました。佐久間は茅場町に邸《やしき》があった。両方とも家禄は二百石ですが多くの出入大名屋敷があり、いたって裕福だったので、私が与力から御維新で東京府記録方となり、明治七年キリスト教に入ってからは自分の信仰に向ってこの財産をどんどん使って進んだのです。与力として「じんじんばしょり」で検視などに出たのは十三から十七まででした。（同前）

しかし、第五章で詳しくみるが、原のもう一つの顔は江戸に関する記録者としての顔である。そこには幕臣としての意地と誇りが込められていた。次章では、そんな幕臣たちの誇りをみていこう。

第四章　幕臣たちの巻き返し

1　言論界への進出

福地源一郎登場

政権交代を経て、江戸は解体していく。これまでみてきたように、零落していく幕臣たちも多かった。東京府も、しばらくの間は混乱状態が続く。

そんな現状への忸怩《じくじ》たる思いは、幕臣たちの間ではたいへん強かった。それは明治政府への割り切れない思いでもあった。

ただ、今さら武力に訴えることはできない。よって、その気持ちを発散させるには別の形、つまり言論に訴えるしかなかった。

だから、明治初期の言論界をみると幕臣出身者が実に多いことに気付く。日本人による最初の新聞、「中外新聞」を刊行した柳川春三《しゅんさん》は、幕府の西洋化のセンターである開成所の頭取を務めていたことがある。「朝野《ちょうや》新聞」社長の成島柳北《りゅうほく》は、幕府陸軍の洋式化に取り組み、会計副総裁として江戸城開城を迎えた人物でもあった。

そのほか、「郵便報知新聞」主筆の栗本鋤雲《じょうん》は外国奉行としてフランスに渡り、幕府とフランスの提携路線を推進した経歴を持つ。あの福沢諭吉とも親しかった。そして、「東京日日新聞」主筆の福地源一郎は、外国奉行支配通弁、つまり通訳として活躍した。

以下、そうしたジャーナリストの一人である福地源一郎の足跡を追いかけることで、言論界に進出した幕臣たちの生きざまの一端を浮かび上がらせてみよう。

福地は天保一二年（一八四二）に、長崎の町医者の子として生まれた。開国前より、幕府は長崎出島《でじま》のオランダ商館長を通じて、割合豊富な海外情報を入手していた。オランダ風説書という形で、海外情報が幕府に提供されていたからである。だが、それはオランダ語で書かれており、翻訳作業が必要だった。その役目を担ったのが、通訳業務に携わっていたオランダ通詞である。

福地は一五歳のとき、オランダ通詞名村八右衛門（花蹊《かけい》）に入門し、オランダ語を学びはじめる。そして、稽古通詞つまり通詞見習となるが、なぜオランダ商館長は出島にいながらにして海外事情について詳しいのか、福地はかねがね疑問だった。あるとき、名村にその辺りの疑問をぶつけてみたところ、次のような説明を受けたという。

余が十五、六歳のころ、未だ郷里の長崎に在りて、我師名村花蹊先生に就て和蘭語《オランダ》を学び、稽古通詞たりし時に、和蘭人より年々来船の度ごとに、風説書と名《なづ》けたる書面を出して、海外の事情を長崎奉行に報告したり、当時幕府に於ては、是《これ》を和蘭御忠節の一つとは唱へたるなり、名村先生は右書面を和蘭甲比丹《カピタン》より請取りて、和解（翻訳）を成せるに臨み、常に余をして筆を採て、其《その》筆記を為さしめたりき、此《この》風説書は甲比丹が如何《いか》なる方法にて出島に居ながら斯《かく》は知得るものにやと尋ねしに、先生去ばなり、西洋諸国には新聞紙《ニーウエス》と唱へ、毎日刊行して自国は勿論、他の外国の時事を知らしむる紙あり、甲比丹は其新聞紙を読で、専《もっぱ》ら其中より重立《おもだち》たる事柄をば、斯は書き記して奉行所へ言上いたすなり

（福地源一郎「新聞紙実歴」、『懐往事談　幕末政治家』）

西洋には、日々発行される新聞というものがあり、自国はもちろん他国の時事を伝えている。商館長は長崎に入港するオランダ船が運んでくる新聞を読み、重要と思われる内容を抜粋し、オランダ風説書として幕府に提出していたというのである。

新聞を知る

長崎で新聞の存在を知った福地は、安政五年（一八五八）に江戸に出る。江戸で通詞をしていた森山多吉郎から英語を学ぶが、その推薦もあって、幕府の外国方に雇われることになった。やがて、その語学の知識により幕臣に取り立てられる。

文久二年（一八六二）、福地は幕府が派遣した外交使節団の一員として渡欧した。役目は通訳だ。

使節団はイギリス、オランダ、ロシアなどを歴訪するが、福地はパリで、現地で発行されている新聞に接する。だが、残念ながらフランス語は読めなかったため、英字新聞を宿所に届けてもらっている。

其後（文久二年の春）幕使に従ひて欧洲に赴き、初めて巴里《パリス》に到りし時に、日々諸種の新聞紙を旅館に送付せられても、仏文の哀しさは盲《（ママ）》の垣覗と一般にて、更に何事たるを了解せざりしに、数日を経て英文の新聞を得て之を閲したるに、現に我使節の一行の挙動を記し、或は其来意を説き或は其談判の趣意を論じたる個条を見て、的面我身の上の事なれば其興味を覚え、如何なれば新聞記者は斯も我等の事を詳細に知り得るものなる乎、然《しか》のみならず昨日の事を今朝すでに其紙上に載せたる迅速さよと驚嘆したりき。尋《つい》で倫敦《ロンドン》に到りては、益益新聞紙を読む事の面白く成りて、或は見物の序《ついで》に新聞社を訪《おとな》ひ、或は新聞記者にも面会して問《とい》もし尋《たずね》もして其組織の概略を聴得て、欣羨《きんせん》の情を起したりき。(同前)

その英字新聞には、日本からやって来た使節団の動静などが細かく記されていた。昨日のことが早くも翌朝には記事となっている迅速さに、福地は驚く。ますます新聞に関心を持った福地は新聞社や新聞記者を訪ね、発行組織の概略についての知識を深めていく。

福地が新聞に興味を持ったのは、その公平さということも大きかった。生麦事件をきっかけとして、文久三年七月二日、薩摩藩とイギリスの間で戦争(薩英戦争)が起きた。当然ながら本国イギリスでは、その行動を容認する論調の記事が新聞に掲載されているものと福地は思っていた。

ところが、さにあらず。薩摩藩と戦火を交えた当時のイギリス政府を弾劾する内容の記事が、英字新聞には掲載されていた。その公明正大な直言ぶりに、福地は大いに感動する。

其後（元治元年）に至り、其前年英国軍艦が償金一条よりして鹿児島を砲撃したる挙動は、英国議院の問題に上りて其非挙を鳴らして、当時の内閣を攻撃したる記事を新聞紙上にて読み、併せて新聞記者が此件に関せる意見を読みて、大《おお》いに其議論の正大なるに驚き、直言して憚《はばか》る所なきに感じ、更に欣羨の情を加へたりき。（同前）

福地は慶応元年（一八六五）にも渡欧し、翌二年に帰国したが、その折にも、パリやロンドンで新聞事情について調査している。そして、次のような決意を抱くに至る。

其後（慶応二年）再び幕吏に随行して英仏二国に駐在せる凡《およ》そ十ケ月この間、敢《あえ》て繁劇と云《いう》にも非ざりければ、巴里倫敦の諸名家に会して新聞紙の事を問ひ、其内外の政治に関して輿論《よろん》を左右するものは即《すなわ》ち新聞の力なりと聞き、あはれ余にして若《も》し才学

文章あらば、時機を得て新聞記者と成り、時事を痛快に論ぜんものをと思ひ初めたりき。（同前）

世論を左右するのは新聞。これからは新聞の時代というわけだ。時機が来れば新聞記者となって、時事を思うがままに論じたいと福地は思ったのである。

「江湖《こうこ》新聞」の創刊

そんな福地の願望が叶《かな》うときが、間もなくやって来てしまう。政権交代により、明治政府が誕生したことがきっかけだった。慶応四年（一八六八）四月一一日、官軍に江戸城が明け渡されるが、その頃、新政府は官報の走りである「太政官日誌」を発刊する。

初め政府が率先して太政官日誌を発行したるに起り（現時の官報の先祖なり）是に尋で陸続と府下に起りて発兌《はつだ》せるもの、四月の中旬に及びては既《すで》に六、七種の多きに達したり、其中にも中外新聞と題したるは我亡友柳川春三氏その主筆にてありき、当時扮擾《ふんじょう》の間なれば、別に官准《かんじゅん》を得るにも非ず、銘々勝手に刊行したるなり。是を観て余は大に喜び、是ぞ余が持説を世上に試《こころみ》るの機関なると考へたりければ、窃《ひそか》に条野伝平、広岡幸助、西田伝助の三人に謀り、乃《すなわ》ち四月上旬を以て新に江湖新聞と名けたるを発兌刊行したり　（同前）

これに刺激を受け、江戸では新聞が次々と発行される。その一つが同じ幕臣仲間で開成所頭取だった柳川春三が主筆の「中外新聞」だった。そんな時勢に接した福地は、今こそ年来の願望を叶えるときとして、「江湖新聞」を創刊する。慶応四年閏四月上旬のことだった。

新聞というよりも雑誌の形態を取っていた「江湖新聞」だが、福地は当時のことを次のように振り返る。

今日の如き活字も無く活版も無かりければ、之を木版に彫刻して馬連摺《ばれんずり》にしたり、而《しこう》して江湖新聞は半紙二ツ切にて、毎号凡そ十枚乃至《ないし》十二枚を一冊とし、是を綴《つづり》たれば取も直さず今日の雑誌の疎末《そまつ》なるものなり、其躰裁は雑報あり寄書《よせがき》あり時論文ありて、其草稿は尽《ことごと》く余が一人の筆に出て、其浄書の如きも時として余自から板下を書き、概《おおむ》ね三日若《も》しくは四日毎に発兌を試みたるに、諸種ありける中にも江湖新聞は尤《もっと》も発兌の部数多しと称せられて頗《すこぶ》る世人の嘱目《しょくもく》を惹きたり。（同前）

記事のみならず浄書まで福地が担当していたという。この時期は活版印刷ではなく、江戸以来の木版刷りだった。「江湖新聞」は日刊ではなく三〜四日おきに発行されたが、部数の多さから世間の注目を浴びたらしい。

幕府寄りの論調

「江湖新聞」の部数が多かった、つまり売れた理由は、その論調が佐幕、すなわち幕府寄りのものだったことに何よりも求められる。政権交代が実現したとはいえ、薩摩・長州藩を主体とする官軍への反感は、江戸では非常に強かった。将軍のお膝元として三〇〇年近くの歴史を持っていたことの必然的な結果と言えるだろう。

このため、幕府寄りの記事は拍手喝采をもって迎えられた。福地も勢い余って、読者の興味に合わせる形で記事を創作してしまったこともあったようだ。なにしろ、売り上げが違うのである。

記事の創作については、次のような例もあった。証言者は第一章でも登場した塚原靖だ。戊辰戦争の頃に江戸で発行された新聞記事の傾向について語るなかで、以下の一節がある。

多くは見て来たような虚構《うそ》ばかりついて、会津や脱走が勝ったと書かねば売れぬというので、その記事には奥羽軍は連戦連勝、今にも江戸へ繰り込むような事のみ書いていた。現に最も失笑すべきは、九月の廿四日に会津は既に落城している。それを何雑誌か名は忘れたが、その前後の発行のものに、会兵既に日光を占領して宇都宮に及び、その先鋒は近日長駆して草加越ヶ谷まで来るという、既にその先触れもあった、というような事が載せてあったのを見ましたな。

（前掲「明治元年」）

福地も同じような「戦報の空説」を掲載していたが、さらに明治維新観まで開陳してしまう。今回の政権交代とは、薩摩・長州藩が幕府に取って代ったただけに過ぎないというわけだ。それが、「江湖新聞の主義」でもあった。

余は初より尊王に付ては固《もと》より微塵《みじん》も異論なく、又将軍家が大政を返上し玉へる御処置に付ても反対の意見を有せざりしが、爾来《じらい》其実況を見るに、政権は朝廷に帰せずして却《かえっ》て薩長に帰す、然らば則《すなわ》ち幕府仆《たお》れて薩長は第二の幕府をなす者なり、是決して我等が望にあらず、又維新の目的にも非ざるなりと云ふが江湖新聞の主義なりき（其紙上に薩長論〔？〕と題したる文にて此事を極論したる事ありき）。此主義なりしが故に、着々維新の政に反対したる而已《のみ》ならず、紙上は自から幕府の脱兵等が勝を喜びて之を称賛し、甚《はなはだ》しきは戦報の空説、若《もし》くは政況の虚聞を作為して以て記載したる事ありき。

（前掲「新聞紙実歴」）

しかし、こうした反政府運動の色合いが濃い主張は、当然ながら政府当局に目を付けられる。政府が彰義隊を壊滅させた上野戦争から一〇日も経たない五月二三日、福地は連行され、投獄された。約二〇日後には出獄するものの、「江湖新聞」は発行禁止となってしまう。

同紙の発禁処分は、新聞創刊ブームに水を差す格好になったが、間もなく、文明開化の波に乗って第二波の新聞創刊ブームがやって来る。この頃には、西洋社会での新聞の役割の大きさが一般に広く知られるようになっていた。

そして、「東京日日新聞」が創刊される。同紙の主筆であり社長こそ福地だった。

讒謗律《ざんぼうりつ》・新聞紙条例の発布

のちに福地は、新聞記事で筆禍を受け投獄された第一号と自らを評しているが、明治初期に反政府の論陣を張った幕臣といえば、成島柳北の名前は外せない。

柳北は、幕府の儒官を務めた成島家に生まれた。洋学者と交流して英語を学ぶ一方、フランスから派遣された軍事教官団の指導を受け、歩兵頭並《なみ》、騎兵頭並として幕府陸軍の洋式化に取り組む。幕府瓦解後は外国奉行や会計副総裁の重職を歴任する。

江戸城開城後は隠遁《いんとん》していたが、明治五年（一八七二）九月、浅草の東本願寺法主現如《げんにょ》上人に随行して欧米諸国を歴訪している。六年六月に帰国したが、当時、国内は征韓論をめぐって政府部内が激しく対立していた。

一〇月に西郷隆盛らが下野し、政府は事実上分裂する。明治七年二月には、士族の反乱の口火を切る形で佐賀の乱が起きるが、同年九月、成島は朝野新聞に入社する。

同紙で「雑話」「雑録」欄の執筆を担当した成島は、政府の文明開化の方針を揶揄《やゆ》、冷笑する文章を掲載している。この種の記事は、政府に不満を持つ者、とりわけ幕臣たちの喝采を浴びた。

そして、投書欄には成島に触発された彼らの不満の投書が集中する。明治初年の東京に、反政府の気運がいかに渦巻いていたかが分かるだろう。

しかし、当然ながら政府当局者に朝野新聞は危険視される。

士族反乱だけでなく、大久保利通を首班とする政府の専制政治に反発する自由民権運動も地域に根付きはじめていた。よって、大久保は幕臣出身者が多かった新聞記者たちの言論活動に断固たる姿勢で臨む。明治八年六月二八日、讒謗律と新聞紙条例を公布し、政府批判の記事を書いた記者たちを次々と摘発した。

同年一二月、成島も法制局書記官井上毅《こわし》と尾崎三郎を揶揄した戯文を発表して、起訴されてしまう。翌九年二月、禁獄四カ月の判決が下り、鍛冶橋の監獄に入獄した。

朝野新聞をはじめ、多くの記者が検挙・投獄された新聞各紙は大打撃を受けるが、この一連の政府の言論弾圧は、当時どれほど幕臣たちの不満が大きかったかということの裏返しでもあった。

多才な活動

福地に話を戻そう。

「東京日日新聞」に入社した福地は、新聞記者として健筆を振るう。すでに言論界に名前が知られていた福地が、実名で公然と記事を書いたことで新聞への偏見も消えていった。こうして、文才のある名士が新聞界に進出していく。

余が日々新聞に署名して公然筆を新聞紙に執りたる挙動は、果して世間を驚《おどろか》したり、少なくも学識文才あるの名士をして新聞紙に筆を採る事を愧《はじ》ざらしめたりき、是に於てか、明治八年の央《なかば》までに名士は陸続として新聞紙に集まれり、即ち報知新聞には栗本鋤雲、藤田茂吉あり、朝野新聞には成島柳北、末広重恭《しげやす》あり、而して日々新聞には岸田吟香《ぎんこう》、末松謙澄《けんちょう》、甫喜山景雄《ほきやまかげお》あり、此諸氏は或は年長を以て世故の経歴に富み、或は少年を以て学問文才に秀で、皆筆を採ては一方に覇たるの人才なり、且《か》つ陽には其名を揚げざれども古沢滋、大井憲太郎の諸氏の如き、皆公然たる秘密を以て意見の草稿を新聞誌（ママ）に寄せて、輿論を喚起《よびおこ》さんと試みたり、蓋《けだ》し新聞紙が言論の自由を占めて且つ活潑《かっぱつ》なる議論を公にしたるは、此時より盛なるは莫《な》きが如し。（同前）

こうした新聞を通じての言論活動が、以後盛んとなる自由民権運動の基盤になる。よって、自由民権運動そして国会開設に帰結する議会設立運動の背景に、歴史の敗者に転落して下野させられた幕臣たちの忸怩たる思いがあったことは想像するにたやすい。

新聞記者として名声を得た福地のその後の人生をみてみよう。

福地はもともと多才な人物として知られていたが、次に登場する渋沢栄一たちとともに、商法会議所（現東京商工会議所）の発起人となる。設立後は会頭の渋沢の下で副会頭を務めた。東京株式取引所（現東京証券取引所）では肝煎役《きもいり》（幹事）を務める。

明治一一年（一八七八）には、府県会規則に基づいて設立された東京府会の議員に下谷《したや》区から選出された。福沢諭吉も議員に選出されたが、その後実施された議長選挙で諭吉たちを押さえて議長に選ばれている。

東京で政治活動を展開した幕臣出身の議員といえば、島田三郎や田口卯吉《うきち》たちがいる。両人とも、静岡藩の沼津兵学校で学んだ同窓だった。

島田は沼津兵学校で学んだ後、明治政府に出仕する。ところが、文部省で権大書記官を務めていたとき、大隈重信が失脚した明治一四年の政変に巻き込まれ、政府を追われる。その後、衆議院議員となったが、大正三年（一九一四）のシーメンス事件で当時の山本権兵衛内閣を退陣に追い込んだことで、憲政史に名前を残すことになる。

田口も政府（大蔵省）に出仕したが、退官後は著述活動に専念する。経済学者としても知られ、『日本開化小史』などの著作がある。東京市区改正という東京市が進める都市改造計画にも大きな影響力を持っていたことは後述するが、田口には東京府会議員や衆議院議員としての経歴もあった。

明治に入っても、幕臣たちは新聞や議員出馬などの手段を通じて、政治面から日本の近代化を支えていたのである。

2　経済界を支える

渋沢栄一、失意の帰国

福地源一郎たちの人生を通じて、政治面で東京の近代化を支えた幕臣の姿をみてきたが、経済面でも幕臣は日本の近代化の推進力になっていた。その象徴といえば、何といっても渋沢栄一である。

渋沢は天保一一年（一八四〇）に、武州榛沢《はんざわ》郡血洗島《ちあらいじま》村（現埼玉県深谷市）の豪農の家に生まれた。若い頃は攘夷運動に熱中したが、その後、一橋慶喜に仕え、慶喜が将軍となると幕臣に転じる。

幕臣となった直後の慶応三年（一八六七）正月、渋沢は慶喜の弟徳川昭武《あきたけ》の随行員としてフランスに向かう。パリで開催される万国博覧会に、日本代表として昭武が派遣されることになり、その随行を命じられたのだ。

博覧会が終了すれば、昭武はそのままパリに滞在し、留学生活をはじめることになっていた。渋沢も事務官としてパリ滞在の予定だったが、同年一〇月、本国日本では大政奉還となって幕府が消滅。翌年には政権交代となる。

本国の激変を受け、やむなく昭武一行は帰国の途に就く。渋沢は当時静岡で謹慎中だった慶喜のもとへ挨拶に出向くが、万感胸に迫る思いだった。このときのことを、次のように回顧している。

明治二年十一月、私は明治新政府へ召し出された。

ちょうど、その頃、私は仏蘭西《フランス》から帰ってきたばかりだった。というのは慶応三年に、巴里に万国博覧会が開かれて、日本からは徳川慶喜公の弟君に当たる松平民部大輔様を使節として御差遣になった。私はその随員の一人としてその年正月七日に出発し、フランス、イタリア、瑞西《スイス》、和蘭などを巡遊中、故国の政変を聞いて、直ぐに引き返し横浜に着いたのは五月十七日だった。

静岡に、御謹慎中の慶喜公に謁して万感こもごも至る有様。将軍家として天下に号令したものが、今日は一庶民としてみるからお気の毒な状態にある。

「いっそ坊主にでもなろうか」

私はあまりの味気なさに、志を当世に絶ち、仏門にはいろうともした。

一体、公が慶応二年、一橋家継嗣から入って将軍家とならるる際は、私は極力反対した。しかし、微禄な端武士だったため、私の意見は用いられなかった。

（前掲『史話　明治初年』）

慶喜に挨拶した後は、急逝した兄の徳川慶篤《よしあつ》に代って水戸藩主に就くことになった昭武のもとに戻る予定だった。だが、慶喜の意思もあり、渋沢は静岡藩士として引き続き徳川家に尽くすことになる。第二章で述べたとおり、商法会所の頭取として商業活動を手広く展開し、八万六〇〇〇両もの巨額の利益を上げて藩財政を富ませた。渋沢自身が語るように、それは外遊で身に付けた理財の才だった。

渋沢の引き抜き

だが、商法会所が巨額の利益を上げたことで、政府は渋沢の才に目を付ける。大蔵省への出仕を命じられたのだ。

もともと武州血洗島村の百姓の小倅《こせがれ》から起こって、倒幕運動を起こしたのであるが、私の一身を救うて下さったのは慶喜公である。一旦、主となり従となりしうえは、これに酬《むく》いるところがなくってはならない。私は思いかえして、慶喜公一家の善後策を講ずる事にした。そのうちに、新政府から私を召し出すことになった。私はそのとき、太政官から石高に応じて配分した不換紙幣（金札）が五十万円もあり、だんだん使い果たして二十八万石ほどある。その金を一切任せて貰って、銀行とも、商会社ともつかぬ中途半端なものをこしらえた。これは私が外遊中、朧気《おぼろげ》ながら視察してきた要領に基づいたもので、公債を発行して、民間の金を集めたうえ、とも角も逐次眼鼻がつくようになった。ところへ、新政府からの御召であった。

「私は徳川家のため折角やりかけた仕事があるのだから、あなたからよろしくお断わり願います」

静岡県令（権大参事の誤り。筆者註）大久保一翁にこう頼んだ。（同前）

しかし、出仕を命じられた渋沢は抵抗する。幕臣である以上に慶喜に対する忠誠心が強かった渋沢としては、当然の反応だった。慶喜を朝敵にした政府に好感など持ち得るはずもなく、拒絶の姿勢を示すが、静岡藩権大参事の大久保一翁が次のように説得する。

「それは困る」

「どうしてでありますか」

「実は、何かにつけて新政府は、いまだ徳川家に逆意があるように邪推しているような次第で、足下《そっか》を御召になったにも拘わらず出仕をお断わりする事になると、藩が邪魔したように思われる。そこで迷惑だろうが、ひとまず出仕したうえ、やめるとも辞するとも、それは足下の随意に任せるよう、とに角お受けはして貰わねばならない」

衷情を打ち明けられたので、やむをえず、私は新政府へ出仕することになった。

（同前）

人材不足に悩む政府が静岡藩から引き抜いたのは渋沢だけではなかった。第二章で述べたように、オランダ留学の経験を持つ西周たちも静岡藩から籍を抜き、心ならずも出仕していく。その背景には、大久保が打ち明けたような静岡藩（徳川家）と政府の微妙な関係への配慮があった。

政府部内の実態

こうして、渋沢の官吏としての生活がはじまるが、任命されたのは、租税正。今でいえば、国税庁長官のようなものだろう。

だが、官吏勤めは気乗りのしないものだった。さらに、租税の徴収事務についての知識が渋沢にはなかったことが、その思いを強めたようだ。

そこで上司である大蔵大輔大隈重信のもとを訪れ、辞職を申し出るに至る。

しかし、もともと仕える意思のないところへ、租税司の長官租税正という役向きを仰せつかったのだから、全く見当がつかない。

そこで、私は、その頃大蔵大輔であった大隈重信侯の築地の屋敷を訪問して、

「実は、大蔵省出仕を仰せ付かりましたが、自分には租税正などという大役はお引き受けできません。私は百姓の子ですから租税を納めたことはあるが、租税を徴収した経験はございませぬ、どうかお許し願いたい」こういうと、侯は突如、

「君は、カミを知っているか」

なんのことか私には判らなかった。

（同前）

何を大隈は言いたかったのか。続きを読んでみよう。

「カミと申しますと……」

「高天原《たかまがはら》に止《とどま》ります神々の神である」

「それなら神主から聞いております」

「そうだろう、われわれは今まさにそれである。高天原に、八百万《やおよろず》の神々が集うて、新しい政治の制度を創り出そうとしている今日の政体は、大宝令に則《のっと》っているので、大蔵省とか民部省とか妙な名前がついているが、ばかばかしいことである。しかし、名前などはどうでもよろしい。実質を備えるようにせねばいかん。君は、租税のことを判らぬというが、大蔵卿をはじめ、大蔵省の大官諸公が租税のことは、わかっているとでも思うのか……もし君がそう考えているなら、とるに足らぬ愚者じゃ。すなわち事務のわからぬのは誰も同様だ。それは辞職の理由にはならぬ」（同前）

いみじくも大隈が語っているように、租税事務のことに通じている者など、政府高官には一人もいなかった。まったくゼロの状態から明治政府が立ち上げられた必然的な結果なのだが、となれば旧政権の頭脳を取り入れざるを得ないのは自明の理。

そして、大隈は渋沢を翻意させてしまう。

「のみならず君は、百姓から身を起こして士分に列したと聞いているが、その動機は、四民平等の階級打破の考えからであったそうではないか、侍が横暴を極めて、百姓町人を虐待することにたいして奮然蹶起《けっき》したとかいうのではないか。それなら、われわれとても同意見じゃ。われわれには現在、封建時代の階級を打破して、広く在野の遺賢を世に出そうとしているのである。だから、君としては、むしろ進んで新政府建設のために努力すべき筋合ではないか。辞職の理由などは成立せぬよ」

侯の雄弁で滔々《とうとう》と説得されたので、私も返答に窮して、とうとう大蔵省へ出仕することになってしまった。

しかし、その頃の大蔵省の事務というものは、全く混沌たるもので、すべてが新奇なやりはじめ、すべてはじめからの創造というわけだった。（同前）

部下の薩摩人を論破する

大隈の説得に従い、辞職を思いとどまった渋沢だが、その後累進し、大蔵省の高級官僚である大蔵権大丞《おおくらごんのだいじょう》に進む。大隈に代って大蔵大輔となっていた長州藩出身の井上馨《かおる》とのコンビで、国立銀行条例公布などの近代化政策を次々と打ち出す。

事務処理にも大きく改革が加えられた。その一つに、伝票法の採用がある。従来、支出入は大福帳に記帳されたが、西洋式の伝票法を採用したのである。

しかし、従来の方法に慣れた者には面倒このうえなかった。よって、怨嗟《えんさ》の声が渋沢に向けられる。


私は、大蔵大丞として、この伝票法を採用することにした。すると、至るところで不平が出る。

「ああいうことをされては、面倒で困る」

馴れないため、非常にむずかしいもののように考えた。なかにも、出納正得能通世《とくのうつうせい》氏などは、係が係なので、この伝票の受渡が一番頻繁なところから、たまらなくなって、私のところへ怒鳴りこんだ。

この人は、鹿児島出身で、西郷従道《つぐみち》侯の岳父にあたる。

(同前)

部下で薩摩藩出身の得能通生（通世）という人物が渋沢に直接談じ込んでいる。しかし、渋沢は退かなかった。

「貴公は、ハイカラの真似ばかりしていて、あれは一体なんだ。伝票などという小《こ》煩雑《うるさ》いことをはじめたので、どうにも始末に負えない、従来の方法《しきたり》で結構じゃないか」

顔色をかえて、声をふるわせている。

「それは、馴れないからである。もう少し辛抱していると、なんでもなくなる」

「そんな馬鹿なことはない、却て間違いが起こっていけない」

「これは驚きいった挨拶である、伝票くらい記入することができぬとあって、よく出納正がつとまりますな。貴公は、恥ずかしいと思いませぬか」

「何ッ！」

得能は、勃然として、色をなし、私の傍にすりよって、肩をついた。　（同前）

一触即発の状況となったが、渋沢は冷静だった。

ここで、私が怒れば喧嘩になる。力は私のほうが強い、したがって取っ組み合いになっても負けはしないが、しかし私は、冷然としていった。

「得能君、ここをどこだと思うか」

「大蔵省だ」

「そうです、役所ですよ、役所の事務について意見があるなら口があるはずであります。腕力沙汰は大人気ない」

冷笑したので、彼は、きまり悪そうに引きあげた　（同前）

この対立は渋沢に軍配があがったが、その後、予算配分をめぐる各省との対立が引き金となり、明治六年（一八七三）五月に井上に従う形で大蔵省を去り、官界から民間に下る。幕臣としての経歴を持つことへの薩摩・長州藩出身の官僚たちの反発が、渋沢にとって下野の大きな背景になっていたようだ。

こうして、官吏としての生活は三年半で終わった。その後、渋沢は数多くの会社の創立に係わるなど、明治の実業界で大きな足跡を残す。

三井の大番頭、益田孝も幕臣だった

幕府や諸大名からの需要に応えることで御用商人として巨利を上げた江戸の豪商たちは、幕府の倒壊そして廃藩置県という政治変革の激流についていけず、幕臣たちとともに歴史の表舞台からその姿を消していく。そのなかで生き残った江戸以来の豪商といえば、越後屋の屋号で知られた三井が挙げられるだろう。

三井の大番頭として知られた人物に益田孝がいる。三井物産の初代社長として、三井の歴史を語るうえで欠かせない人物だが、益田にも幕臣としての経歴があった。

嘉永元年（一八四八）、益田は佐渡奉行配下の地役人の息子として佐渡に生まれた。その後、父の鷹之助が箱館奉行所への転勤を命じられたため、一家は箱館に移ることになる。

当時、箱館は横浜や長崎とともに開港地として賑《にぎ》わっていた。開港場を管轄する箱館奉行所としては、語学に堪能な通訳の確保が焦眉《しょうび》の課題だった。よって、所内の教育所で語学の伝習がおこなわれたが、益田はそこで英語を学んでいる。この語学力が益田の人生を大きく変える。

やがて父の江戸転勤に伴い、江戸に置かれたアメリカ公使館に通訳として出勤するようになる。文久三年（一八六三）に、幕府はヨーロッパに外交使節団を派遣し、その通訳として父が使節団に加えられたが、益田もその家来という形で渡欧が許される。

その後、横浜開港場の運上所勤務を経て、慶応三年（一八六七）にはフランス陸軍士官による軍事教練を受けている。横浜で歩兵、砲兵、騎兵の三兵伝習が実施されていたが、益田は騎兵の教練を受けたのだ。通訳から軍人に変身したのである。江戸城無血開城直前には、騎兵頭並に累進している。

しかし、江戸城開城後は横浜で商売をはじめる。今度は商人となったが、間もなく井上馨の勧めにより大蔵省に入る。渋沢の後を追って政府官吏となった形だが、渋沢が井上とともに大蔵省を去ったとき、益田も官界から民間に下る。

下野した後は、井上とともに「先収会社」を創立し、米の売買で巨利を上げたが、井上が官界に復帰することで、先収会社は閉鎖される。この会社は、三井家を社主とする三井物産会社として生まれ変わるが、その初代社長となったのが益田だった。明治四〇年代には、三井物産の年商は日本の貿易総額の二割にも及んだ。まさに、益田は三井財閥の基礎を作ったのである（「三井史を彩る人々」三井広報委員会ＨＰ）。

益田はのちに、渋沢とともに商法会議所の設立に係わり、渋沢会頭のもと、福地源一郎と副会頭を務めた。元を正せば、みな幕臣なのだ。

渋沢、そして三井の大番頭であった益田孝の経歴を追っていくことで、幕臣が経済面の近代化を支えていたことも確認できるのである。

3　東京市区改正への参画

幕臣が東京改造の理論的支柱に

第二章では、江戸が近代都市東京に変貌していく過程、つまり西欧の都市をモデルとする最初の市街地改造事業である銀座煉瓦街の建設を取り上げた。

ただし、東京の市街地改造は端緒に就いたばかりだった。明治二二年（一八八九）に東京市区改正事業が開始されることで、東京の都市改造は本格的にはじまる。だが、その過程で幕臣が強い影響力を及ぼしていたことはほとんど知られていないのではないか。

福地源一郎たちジャーナリストの活動に触れた項で田口卯吉という人物を取り上げたが、実は田口が発表した「東京論」こそ、東京府による都市改造事業に大きな影響を与えた文章だった。その眼目は、東京築港論である。

あらためて、田口の略歴を整理してみよう。

安政二年（一八五五）、田口は将軍の警備を任務とする御徒《おかち》（御家人）の家に生まれた。明治維新のときは数えで一四歳であり、前章で登場した原胤昭とほぼ同年代である。

田口は大半の幕臣と同じく、維新後は静岡藩士としての道を選択した。沼津兵学校に学んだわけだが、廃藩置県後は明治政府に出仕する。

明治五年に大蔵省の翻訳局に入省、同七年には紙幣寮銀行課に転じる。この銀行課勤務時代に、のちの経済思想家としての基礎を築いたようだ。

官吏として活動する一方、著述活動も開始する。明治一〇年に『日本開化小史』、一一年に『自由交易日本経済論』を刊行し、啓蒙思想家、経済思想家として知られるようになる。一言でいうと、田口はイギリス流の自由経済論者だった。

明治一二年には、渋沢栄一のバックアップにより『東京経済雑誌』を刊行する。編集部は、渋沢の本拠地ともいうべき兜町《かぶとちょう》の第一国立銀行に置かれた。

同誌は日本初の経済ジャーナリズムと評価されるが、以下紹介する「東京論」は、明治一三年に発表されたものである。

銀座煉瓦街建設のきっかけは銀座を襲った大火だったが、東京市区改正事業の場合も、明治一二年に日本橋で起きた大火が大きな動機となる。この大火では一万六〇〇戸が焼失した。

当時、東京府知事は松田道之という人物だった。松田の都市改造案に影響を与えたのが田口の「東京論」なのだが、その背景には田口をバックアップする経済界の大物、渋沢がいた。渋沢が橋渡しした結果、田口の「東京論」が松田の都市改造案に組み込まれたのである。

管理が行き届いていた大名屋敷

田口の「東京論」は五つの章から成る。最初の章では江戸と東京を比較しながら、目指すべき都市像が提示される。

往昔封建諸侯の此邸宅に住するや、皆な清潔を勤めて相競争せり。されば構への三品《さんぴん》奴《やつこ》は朝まだきより起出でて、右肩を袒《ぬ》ぎ裾端を褰《かか》げて、青竹葉を手にし清水を灌《そそ》ぎて門の内外を掃除したり。門前の花崗《かこう》は常に清く、玄関の板間は常に滑かなりき。今や否《しか》らず。泥濘を蹂躪し来りたる伊勢《いせ》勝靴《かつ》を善くも掃《はら》はずして直入するものから、塵《じん》埃《あい》眼に入り鼻に入り、飛んで室裏の諸物を蔽《おお》ふ故に、硝子明ならざるにあらずと雖《いえど》も光線を通ずる能《あた》はず、榻卓《とうたく》美ならざるにあらずと雖も真質を顕はす能はず。蓋《けだ》し、封建の経済は小にして密なり、郡県の経済は大にして疎なり。其此の如《かく》きに至る

（田口卯吉「東京論」、『都市　建築』所収）

前半部分では、江戸城の周囲に広がっていた大名屋敷街の清潔さが強調されている。屋

敷の管理が行き届いていた様子が浮かび上がってくるだろう。

ところが、明治に入ると政権交代の混乱も相まって、建物などの管理が行き届かなくなる。清潔さが失われた結果、東京は埃《ほこり》にまみれて汚くなってしまった。だから都市改造が必要だ——という論法なのだが、幕臣としての経歴を持つ田口の誇りが滲《にじ》み出ているとは言えないだろうか。田口は暗に、江戸の都市環境のほうが優れていたといいたいわけである。

こうした現状を踏まえ、目指すべき都市像を次のように提示する。

東京今日の繁昌地は果して今日の商業に適せるか、東京今日の城郭は果して今日の形勢に適せるか、余輩未だ信ずる能はざるなり。抑《そもそ》も今日の日本は、封建の禍害を防ぐの城郭を要するの日本にあらざるなり。防ぐべきは外寇《がいこう》にあるなり。抑も今日の東京は、封建貴族を花主として商業を営むべきの東京にあらざるなり、世界万国を買入元とし仕入先として、以て通商を営むの東京なり。明治政府たるもの、此形勢に従ひて官衙《かんが》を設置し、砦壁《さいへき》を建築して万世無窮の基を建てざるべからず。蓋《けだし》一国の主府は

人の脳髄の如し。主府の商業盛なれば、一国の気脈自《おのずか》ら通ず。（同前）

まず、現在の東京は果たして商業都市に適しているのか、と疑問を呈する。そもそも、江戸の繁栄は何によってもたらされたのかといえば、参勤交代制に基づき江戸に一年間ずつ滞在した諸大名（封建貴族）が落としたお金である。大名とその家族だけでなく、数百人から数千人の家臣まで江戸で生活するため、諸大名の年間経費の半分以上が江戸での生活に費やされてしまうわけだ。参勤交代制が江戸の消費経済の活性化に果たした役割は実に大きなものがあった。

しかし、もはや大名は消滅した以上、東京は世界を相手にした商業都市にならなければならない。そして、首都たる東京の商業が盛んになれば、おのずから日本は繁栄する——というのである。

東京築港論の提起

では、東京の商業の現状はどうか。田口は深刻な危機感を隠さない。

今や東京の商業は寥々《りょうりょう》たり。其商社は小売にして、絶へて巨大の貨物を取引することなし。其伴頭《ばんとう》は店を守り烟《けむり》を吹《ふか》して、嘗《かつ》て繁忙の景況なし。堀留・伝馬町辺の商業と雖も、未だ以て規律ある者と称すべからざるなり。蓋し東京は帝轂《ていこく》の下にして、政府の歳費多く此地に落つるを以て、居《いなが》らにして商業を営み得べきが為に、自《おのずか》ら此風習を来せしもの歟《か》。熟々《つらつら》国立銀行実際報告に因《より》て各地の景況を査察するに、銀行の事務は常に京摂の間に繁忙にして、東京は約《おおむ》ね第四・第五の位地に居れり。又た手形切手通用の景況を査察あるに、東京の如きは遥に大坂の下に居るものなり。蓋し東京の商業、大は則ち大なりと雖も、其器模《きぼ》狭し。大坂の商業、小は則ち小なりと雖も、其器模広し。何となれば、一は小売商業にして、一は卸売商業なればなり。（同前）

東京の商業は活況を呈していない、と田口は指摘する。小売だけで、大きな取引がない。つまり、東京は首都であるがゆえに、黙っていても政府からお金が落ちてくるため、逆に商業が発展しなかったと言いたいのだろう。恵まれた環境が、かえって仇《あだ》となった格好だ。

そのため、江戸時代以来の商業の町である大阪に比べると、はるかに商業が発展していない。それは、小売業と卸売業の違いであるとも指摘する。
よって、田口は次のような処方箋《しょほうせん》を示す。

横浜の営む処を以て東京に移さば、東京の繁栄現今に数倍すること論ずるを俟《ま》たざるべし。而して其貨物の集散並《ならび》に貸借の決算は、凡《すべ》て東京に於て決することとなるゆえ、東京の商估《しょうこ》は速《すみやか》に卸売商估と変じ、為替手形及び其他の証紙大《おおい》に流通を開き、其商業活溌となりて大に見るべきものあらん。然してこそ、将来大市場たるの基を建てたりと云ふべきなり。余輩は市場の成るべく一所に集在するを望むものなり。

（同前）

横浜港が担っている貿易業務を東京に移管すれば、間違いなく東京は数倍繁栄する。要するに、東京に港を築いて貿易都市としての顔を持たせたいというわけだ。

船渠《せんきょ》を作り、水路を浚《さら》ひ、水運を便にし、交易を自由にして、以て東洋中心市場の基を建つるは、豈《あ》に今日の急務にあらずや。今や東京幸に天下の大勢を達観し、独立独行、以て国家の商業を振起せんと冀《き》望《ぼう》せらるるの豪商紳士に乏しからず。若し此紳士にして苟《いやしく》も奮然として品川沖船渠を築かんと決心し、臂《ひじ》を捲《まく》り臀《しり》を褰げて以て人足を指揮せば、其の成功を見る豈《あ》に久しきを要せんや。（中略）若し是策を行ふときは、彼《かの》三大洲の貨物は皆な我東京を以て貯蔵庫と為すに至ること、現今の香港の如くならんこと、疑ふべからざるなり。然らば則ち、我《わが》蜻蜓洲《あきつしま》の久しく東洋に沈淪《ちんりん》したりしも、是に至りて初めて雄飛の勢を得たりと云ふべし。（同前）

香港のような貿易港を品川沖に築造することで、東京つまり日本経済は飛躍へのきっかけをつかめる。田口はそう力説するのである。

渋沢と益田の巻き返し

この田口の「東京論」を踏まえて、府知事の松田は東京築港を柱とする都市改造案を策定したが、明治一五年（一八八二）に死去したため、その課題は、第八代東京府知事である芳川顕正《あきまさ》に引き継がれる。
ところが、芳川は松田とは異なり、東京市区改正において東京築港を想定していなかった。そのため、明治一八年二月に開催された第一回市区改正審査会で、委員の渋沢が動く。田口の主張に沿った東京築港を強く主張したのだ。東京の国際商業都市化案を再び持ち出したのである。

築港にして出来《しゅったい》せば、東京は是迄《これまで》の如く「小売り喰潰《くいつぶ》し」町にてはあらざるべし、諸品の問屋地方となるならん。

（「東京市区改正品海築港審査議事筆記（抄）」、『都市　建築』所収）

築港となれば、東京は小売業の街から「諸品の問屋」つまり卸売の街となり、発展するというのだ。この主張に賛意を示したのが、同じく幕臣としての経歴を持つ益田孝だった。

東京も是迄の如く和船のみに藉《よ》りて運送せば一の自用地に過ぎずと雖も、一旦築港の挙成《なり》て蒸汽船の出入自在を得ば、其商勢も一変し、或は奥州或は名古屋辺の荷物取引盛んとなり、立派なる貿易地とならば、大阪にも譲ることあるまじ。（同前）

幕臣たちが連携して、東京を国際商業都市に改造しようとした形だが、その目的は達せられたのか。

結論からいうと、東京築港計画は閣議の議題にまでのぼったものの、却下されてしまう。東京築港抜きで、道路の整備などを柱とする東京市区改正事業は開始される。その背景には、東京築港により権益を失う横浜港（神奈川県）の猛反発があった。横浜廃港への道につながるからだ。

結局、東京築港は実現しなかった。とはいえ、幕臣たちが東京の都市計画にも強い影響力を及ぼしていたことは紛れもない歴史的事実なのである。

東京開市三百年祭の挙行

幕臣たちが東京の近代化を政治・経済面で支えるだけでなく、都市計画の面でも深く係わっていたという、いわば舞台裏を覗《のぞ》いてみた。歴史の敗者に転落した幕臣の誇りが見え隠れするが、将軍に代って江戸城（皇居）に入った天皇を主権者と規定する大日本帝国憲法が発布された明治二二年（一八八九）、そんな気持ちが一気に噴出するイベントが挙行される。東京開市三百年祭だ。

東京開市三百年祭は上野公園を会場として挙行されたが、開催日の八月二六日は旧暦に直すと八月一日。この日は八朔《はっさく》と呼ばれ、かつては徳川家の記念日に指定されていた。

豊臣秀吉により小田原城を本拠とする関東の雄・北条氏が滅亡すると、その旧領は徳川家康に与えられた。家康は江戸城を本拠とするが、江戸城に入ったのは天正一八年（一五九〇）八月一日。そのため、江戸時代は八月一日（八朔）が徳川家の記念日と定められていた。天正一八年から数えると、この年は家康の江戸城入城から三〇〇年目にあたるという計算で、イベントの開催日に指定されたわけである。

明治二二年は、東京市が誕生した年でもあった。明治一一年に東京の市街地が一五区に編制されたが、この一五区が江戸御府内にほぼ該当する。つまり、「江戸御府内」が明治二二年に東京市という行政単位として再生したというストーリーのもと、東京開市三百年祭とネーミングされたに違いない。

この祭典の母体となったのが「江戸会」である。江戸会は同じ明治二二年に結成された幕臣たちをメンバーとする会だった。幹事には「郵便報知新聞」主筆の栗本鋤雲らが名前を連ねた。機関誌『江戸会雑誌』(のちに『江戸会誌』と改題)を刊行するほか、江戸時代の事象について記述した有用な書籍の刊行、江戸時代の文化財の収集保存、江戸時代の偉人の遺徳を偲《しの》ぶ祭典の執行も会の目的として掲げられていた。今回の三百年祭がまさしくこれだが、その基底には、保守的、後進的などと明治政府に批判された江戸幕府の名誉を回復したい、という想いが秘められていた。

さて、東京開市三百年祭の準備に取り掛かった江戸会であるが、八月二一日には、あらためて東京三百年祭会を結成する。委員長に推挙されたのは榎本武揚。いうまでもなく、箱館五稜郭《ごりようかく》で明治政府に最後まで抵抗した幕臣だ。当時は、黒田清隆内閣で文部大臣を務めていた。

榎本は東京府(市)会関係者、東京市の各区長、実業界の実力者に働きかけ、同会委員への就任を要請した。委員の名前には、本章でも登場した渋沢栄一や益田孝など幕臣出身の実業家の名前もあった。このイベント資金の調達で、渋沢や益田が大きな役割を果たしたことは想像するにたやすい。

東京開市三百年祭当日の東京は、物凄《ものすご》い盛り上がりだった。幕臣や江戸っ子の二〇年来の鬱屈《うっくつ》した気持ちが一気に発散された一日となる。

この祭典を境に、幕臣たちの動きは活発となり、江戸懐古の空気が一気に高まる。次章でみていくように、町奉行所与力だった者たちの間で〝OB会〟結成の気運が急速に高まるのである。

第五章　町奉行所ＯＢ会の結成

1　南北会の創立

南北会の結成

東京開市三百年祭を前に、江戸会、八朔会など幕臣たちの会が次々と結成されていったが、その動きに続く形で、祭典直前の明治二二年（一八八九）八月一一日、町奉行所与力・同心たちを会員とする「南北会」が結成された。

発起人は与力だった谷村正養たち五名。「南・北」という当時の町奉行所の通称から、そう命名されたことはいうまでもない。

結成から一年後の明治二三年八月四日には第二回総会が開かれたが、それに先立ち、次の九カ条の申し合わせがなされている。

南北会仮申合

一、本会は旧江戸町奉行組の者、旧時の交誼《こうぎ》を維持し、将来疎遠なからん為めに設く

るものとす、故に当時の家長及び其《その》子孫たるものは男女を分《わか》たず、職業を問はず、会員たらん事を希望す
一、本会は旧時の紀念を表して南北会と称す
一、本会は会員の業務繁忙と住居遠隔とを以て時々の会同をなさず、毎年一回東京に於て開くものとす
一、会費は壱名に付き金壱円以下とし、時宜に依り之《これ》を定む
一、会費決算の残余は幹事之を保管し、諸報告書等の費用に充《あ》て、次回に於て其精算を報告すべし
一、会員の異動報告便宜の為め名簿を製す、会員は其転居等速《すみやか》に幹事に報告すべし
一、会期は毎年七・八月の間に於て幹事之を定む
一、在京会員中より幹事三名以上投票を以て之を定む、其任期は一ケ年とし、再撰する事を得
一、此《この》規則は本年の会同に於て協議更正を為すべし
右の通り相定め候《そうろう》に付き、御入会相成りたき御諾否共、早々東京日本橋区本材木町

二丁目十八番地谷村正養方へ御通知これ有りたく候也

（滝口正哉「南北会の動向とその意義」、『原胤昭旧蔵資料調査報告書（1）』所収）

第一条目にあるように、与力・同心たちが旧交を温めることのできる親睦の場を作りたいというのが、そもそも結成の目的だった。この時点では、「江戸幕府の名誉を回復したい」という江戸会のようなレベルには達していなかったが、後述するように、次第にそうしたレベルに近付いていく。

総会は年に一回、東京で開催。年会費は一円以下。会の業務としては、会員名簿の作成など。幹事（三名以上）は会員の投票で決めることなどが決められた。

結成当時の会員数は不明だが、第一回総会時には七〇人を数えている。その後、しばらくの間五〇～六〇人台を推移する。ただし、大半は与力だった。

与力・同心合わせても、その数は三〇〇人に満たない。与力は五〇騎であることを踏まえれば、与力の加入率が相当高かったということになるだろう。ちなみに、すでに紹介した佐久間長敬は明治二五年一〇月六日に、原胤昭は三六年六月一日に入会している。

会の組織と互助活動

当初、総会の会場には料亭が使われていた。総会後の飲食には好都合だったかもしれないが、親睦の会とはいえ、飲食だけして散会というのは如何《いかが》なものかという声もあがっていた。

そのため、明治二四年（一八九二）二月に、会場は料理屋に限らないこと、飲食代を制限し、その余剰分を積立金として利殖することなどが定められた。会で資金を積み立て、災害時や死亡時の見舞金に充てるといった互助的な機能も強化されている。

このように、互助的機能も合わせ持つ会となった南北会だが、明治二五年一一月一二日に開かれた総会では、二六年正月より、旧主である公爵徳川家達の千駄ケ谷屋敷に年始挨拶に出向くことが決議された。幹事と会員有志という形だったが、幕臣（御家人）としての自分を再認識する機会になったことだろう。徳川家への年始挨拶とは、江戸幕府の名誉回復というレベルへの階梯《かいてい》となったに違いない。

総会とは別に年始会なども開いているが、会として会員の政治活動を支援することもあった。会員の仁杉英が衆議院議員選挙に出馬したときには、次のような案内書が明治三五年四月付で作成されている。

拝啓　益《ますます》御壮栄賀し奉り候、陳は本年衆議院議員総選挙に付、会員仁杉英氏日本橋区公民会の推選に由り、候補者たることを承諾せられ候由、同氏此位地に立たれ候事は旧御同僚の面目にして、同氏の当選を希望せらるる事も亦《ま》た御同感と存じ候、殊《こと》に今回の選挙は何《いず》れの区に於て投票するも差支えこれ無き義に付き、諸君は勿論、御懇意の方々御勧誘の上多数の投票を以て同氏当選相成り候様御尽力下されたく、此段貴意を得候　（同前）

仁杉は佐久間や原と同じく、与力として明治維新を迎えた人物である。維新後、町奉行所改め市政裁判所そして東京府に勤務している。原たちと同じ歩みだが、間もなく切り捨てられてしまったようだ。

以後は代言人、いわば弁護士業務で生計を立てるが、やがて政界に進出する。東京府会議員や市会議員を務めたほか、日本橋区長や浅草区長にも任命される。そうした経歴を踏まえて衆議院議員選挙に出馬した仁杉だが、南北会の推薦もあってか、当選している。

旧交会の限界

そのほか、幕臣の会としては「旧交会」がある。まさに字の如く、幕臣たちが旧交を温めることを目的にした団体だ。会の性格としては南北会に近く、その活動内容も似通っている。

メンバーは一〇〇〇人ほどで、東京市（一五区）の区ごとに幹事が置かれた。旧交会の会長には、東京開市三百年祭で実行委員長を務めた榎本武揚が就いた。会費は一カ月一五銭。そのうち五銭は総会費。毎年春と秋に、上野東照宮の社務所で総会が開かれた。

上野東照宮はもともと、寛永寺の寺域内にあった。彰義隊の戦いで境内の堂社の大半が焼失し、明治に入ると上野公園に変身する。そして、上野公園は東京開市三百年祭の会場となった。上野公園の一部のような形で、現在も上野東照宮は鎮座している。

総会の折には、煮染と寿司が一折ずつ振る舞われた。酒は飲み放題だった。

会員には名簿が配られた。互助的機能もあり、死去した場合は二五円、火災などに遭った場合は一〇円の見舞い金が贈られる規定だった。

毎年正月の三が日には、徳川家達の千駄ケ谷屋敷へ年始挨拶に赴き、酒肴《しゅこう》を賜っている。この点も、南北会と同じだ。幕臣としてのアイデンティティを確認し続けたわけである（山本政恒『幕末下級武士の記録』）。

ただし、『江戸会誌』のような機関誌を発行した江戸会や、会員が町奉行所与力・同心だった経歴を活かして『徳川政刑史料』シリーズ（後述）の刊行を目指した南北会と違って、旧交会は、外に向けて発信する活動までには至らなかった。

2　江戸の資料収集と編纂《へんさん》事業

江戸懐古の出版ブーム

南北会や江戸会に限らず、東京開市三百年祭を契機に、出版メディアを通して江戸を伝えよう、残そうという動きが盛んになり、江戸懐古の空気が盛り上がる。その理由とは、いったい何だろうか。

江戸会の機関誌『江戸会誌』第一号の冒頭では、徳川三〇〇年の事跡を収集し、その事跡を深く掘り下げた考察結果を後世に伝えることが江戸会の役目とうたわれている。何も行動しないでいると徳川三〇〇年の事跡が後世に伝わらない、という強い危機感が背景にあったのだ。

江戸会と同じく、機関誌を通して江戸の歴史を残そうとした団体としては「同方会」がある。同方会は、明治二九年（一八九六）六月より、機関誌『同方会報告』（のちに『同方会誌』と改題）を発行している。その発行の趣旨も同じだろう。

会の結成には至らずとも、会誌の発行という形で江戸を残そうとした者たちもいる。明治三〇年に創刊された『旧幕府』の編集を担ったのは、戸川安宅という旗本だ。戸川は『旧幕府』の創刊にあたり、「『旧幕府』刊行の趣意」というタイトルで自分の思いを次のように語っている。

明治も既に廿九の星霜を重ね、戊辰の少年も今哉《いまや》不惑の齢《よわい》に達し、鬢辺《びんべん》の霜寒きを感ず。況《いわ》んや当時幕閣の枢機に参せし人の如きは、古稀の頽齢《たいれい》に至らざるなし。今日もし、旧幕府の遺聞、零冊を収拾することなくんば、今より三、四年の間には元老は皆墓に入り、尋ぬるに道なく問ふに法なく、恨を百載の下に抱く者あらん、余も徳川家の旗下に属せし者なり、転《うた》た感慨の情に堪えず奮って幕府特に幕末の史料纂集に従事せんと欲し木村芥舟《かいしゅう》翁に計る、翁は此挙を嘉とし常に示教せられんと約す、又勝伯・榎本子・大鳥君に計り、更に亦故栗本鋤雲・向山黄村《こうそん》・杉浦梅潭《ばいたん》・田辺蓮舟の諸老に計りしに、諸君も皆此挙を助けんと諾せられたりき、唯如何にせん、余が浅学微力なる十分に尽す能はざるの恐れあり、希《ねが》わくは同感の諸君一臂《いっぴ》の力を惜《お》しむことなかれ

(『旧幕府』第一号)

明治に入って、すでに二九年を経過した。少年の頃、戊辰戦争を戦った者も不惑の四〇歳。髪に白いものもまじっている。まして、当時幕政の中枢にいた者は齢七〇に達していない者はいない。

その頃の話を彼らから聞いておかなければ、今から三〜四年の間に、この世を皆去ってしまうだろう。となれば、知る手段がなくなる。だから、自分は幕府、特に幕末の史料を集める作業に従事したいと考えた――というのである。よって、戸川は木村芥舟（喜毅《よしたけ》）に相談する。

木村は、勝海舟とともに軍艦奉行として咸臨丸でアメリカに渡った経歴を持ち、江戸城無血開城の頃は勘定奉行を務めた旗本である。明治に入ると、静岡藩士に転身することも明治政府に出仕することもなく、そのまま隠退するが、勝や榎本たちとともに、当時は幕臣たちのとりまとめ役のような存在だった。

木村にしても同じ思いであったから、戸川による『旧幕府』編集にあたってはアドバイザーのような立場を取ったようだ。木村だけではない。勝、榎本、大鳥圭介たちも戸川の活動を支援した。

南北出版協会の設立

与力たちの集まりである南北会は会誌の発行ではなく、書籍の出版という形で江戸を伝えようとしたわけだが、南北会の名前で刊行したのではない。南北出版協会が設立され、その事業として書籍が刊行されている。

南北出版協会規約抄録

当協会は旧南北町奉行与力同心及び其縁故ある者を以て組織し、有志の協賛に依て設立す

当協会は第一着に南北両町奉行所の旧記公文律令を蒐集し、旧吏員の経歴実践を編録し、第二着に徳川氏諸般の制度・家政の内事に至るまで細大となく網羅し、後世歴史の参考に供せんとす、当協会発兌の書籍は徳川政刑史料と号し、之を表紙に傍書し、其書の性質に就て別に題名を附し毎月印刷発行すべし（前掲「南北会の動向とその意義」）

同協会の設立目的とは、①町奉行所の記録や刑法などの法令を収集し、与力・同心（旧吏員）の経歴・活動も含めて編纂物とすること、②徳川幕府の制度などを詳細に記録として残すことの二つだった。

後世、江戸時代の歴史が研究される際の史料にしてほしいというわけである。その成果を、南北出版協会が『徳川政刑史料』というシリーズ名で刊行したのだ。

同シリーズの刊行は、明治二六年（一八九三）よりはじまった。記念すべき第一巻は『徳川将軍御直裁判実記』。黒田騒動で知られる福岡藩黒田家など、御家騒動を題材にしたものである。大名家の御家騒動となると、将軍自ら裁定を下すレベルの話となるが、その裁判記録がまとめられている。

その後刊行される予定になっていたのは、『幕時拷問実記』『幕時刑罪詳説』など、被疑者の取り調べや科した刑罰についての記録集、市政について後世参考となるような事項を集めた『江戸市政雑録』、町奉行所の解説書である『町奉行所組織』などの書籍だった。

発行元は南北出版協会だが、著者は、本書にたびたび登場する与力の佐久間長敬。当時は隠退した身であり、余生を南北会での出版事業に捧げていたのである。

『徳川政刑史料』シリーズの刊行開始

では、『徳川政刑史料』シリーズの刊行開始にあたり、協会が掲げた発刊趣旨を読んでみよう。

徳川政刑史料発行の主意広告

徳川幕府の極盛昌平三百年、国富み民和《か》し、上下安寧、中世以降《このかた》曾《かつ》て其比を見ず、我々祖先以来、其余沢を蒙《こうむ》しこと尠《すくな》からず、今や聖天子上にあり、良相《りょうしょう》下にありて、隆治旧日に倍す、此盛世に鼓腹する者、抑《そも》また徳川氏の旧恩を忘れて可ならんや、是に於て文学隆盛の今日、一は社会のため、一は学術のため、幕治の得失を論じ、其事跡を叙する著書、充棟汗牛《じゅうとうかんぎゅう》も啻《ただ》ならざるなり

（佐久間長敬『徳川将軍御直裁判実記』）

徳川三〇〇年つまり江戸時代とは、国が富み、国内が平和な時代だった。私たちの先祖以来、その恩恵を長らく享受した時代でもあった。明治に入り、現在では天皇の恩沢を受ける者たちにしても、そんな徳川家の旧恩を忘れてはならないはずだ。

最近では、「文学」つまり書籍や雑誌などの刊行が盛んとなり、社会や学術のため、徳

川幕府時代の長所や短所について取り上げる書籍も増えてきている。だが、看過できないことが書かれている場合があった——とする。さらに続きを読もう。

夫《そ》れ今の東京市は即ち昔時《せきじ》幕府施政の根源地なり、故に市政の如何《いかん》、近著の諸書に散見する者ありと雖《いえど》も、往々経歴なき者、徒《いたずら》に射利のため筆を弄し、臆断《おくだん》杜撰《ずさん》牽強《けんきょう》附《ふ》会《かい》、抱腹に堪へざる者あり、或は徳川氏を誣《し》ひ、幕府を誹《そし》る者亦尠からずとす、若夫《もしそれ》事実を知らざる者、之を妄信し、誣《ぶ》を不滅に伝へ事実の将に堙滅《いんめつ》せんと、豈に慨歎の至ならずや、幕府倒れて僅に二十有余年、已《すで》に此《かく》のごとし、百年の後推して知るべきのみ、今にして此妄説訛伝《かでん》を訂正せずんば、将《は》た後世を奈何《いかん》せん、我々幕吏の末班《ばつはん》にありし者、黙視するに忍《しのび》んや　（同前）

幕府の施政や江戸の市政について、憶測で書いた文章や、牽強付会な文章があるという。一言でいうと、杜撰な内容。悪意をもって、徳川家の施政を非難する文章も多い。

だが、さまざまな裏事情を知らずして、書かれている内容をそのまま信じられては、自分たちとしては慨嘆の窮みである。幕府が倒れて二〇年そこそこ経過しただけで、このような状況だ。一〇〇年後になったら、事態はさらに悪化することは想像するにたやすい。だから、その間違った文章や悪意に満ちた文章を、今、訂正しなければならない。幕府役人の末席に連なった者として、この状況は黙視できない――というわけである。

南北会は徳川家の施政を正当に評価するため、幕府の記録類を収集し、それを公にするために出版協会を設立した。そして、『徳川政刑史料』シリーズの刊行をここに開始する。同憂の士のご支援を請う、という文章で趣旨文は結ばれている。

夫れ徳川氏の施政三百年、太平を維持したる源由、美事良法枚挙するる遑《いとま》あらず、而して其得失利害、真面目《しんめんもく》を穿《うがた》んと欲せば、之を当時の記録公文に稽《かんが》るか、若しくは曾て事を執り、事務に練達の耆老《きろう》、今猶存在する者に就て、叩くの外他なし、抑人生限りあり、文書亦祝融《しゅくゆう》の災を免れず、若夫遺老此世を辞し、旧記公文亦烏有《うゆう》に帰せば、則《すなわ》ち何を以てか徳川氏のために真を伝へ、誰か能く幕府のために冤《えん》を雪《そそ》がん、余等深く之を慨し、茲《ここ》に有志と謀り、徳川幕府の旧記公文令律を網羅し、其萃《すい》を抜き、其実を挙げ、又昔日親《みずか》ら幹理したる事跡を編み、以て之を世に公にせんとす、是れ聊《いささ》か旧恩を報し、又僚友知己の旧交を温めんと欲し、乃《すなわ》ち本協会を創立し、政刑史料を発刊する所以《ゆえん》なり、亦已《やむ》を得ざるの衷情に出づ、同感の諸士一片の義気を頒《わか》ちて、斯《この》業を賛成あらんことを謹《つつしみ》て請ふ

（同前）

このように、出版事業を介して江戸を伝えようとした南北会だが、その活動は出版にとどまらなかった。最後に、その点についてみていこう。

3　江戸を伝える

江戸風俗展覧会の開催

南北会では佐久間長敬を中心として『徳川政刑史料』シリーズを刊行する一方、会員である与力・同心の家に伝来する捕物道具や古文書などの公開もおこなっていた。展覧会に

出品することで、町奉行所の事跡を一般に広く伝えようとしたのである。
当初は、会員どうしが自分の家に伝来するものを会合の場で見せ合うレベルのものだったが、やがて外部の催事にも出品するようになる。たとえば、大正八年（一九一九）六月一日から七日までの間、三越呉服店で「江戸風俗展覧会」が開催された。元与力の仁杉英たちが自家に伝来する品を出展しているが、その出品目録からおもなものをあげてみよう。

江戸町奉行組与力指物《さしもの》　一旒《りゅう》
同　弘化年間　一旒
同　南組与力指物　安政年間　一旒
純子細袴《どんすほそばかま》　一枚
織物股引《ももひき》小袴　一枚
諸麻上下《もろあさかみしも》　一具
万世江戸町鑑《ばんせいえどまちかがみ》　天保九年板　二冊
町奉行及与力同心掛リ分ケ姓名、町火消組方角附纏《まとい》其他名主町々支配付

江戸絵図　写本　一枚
江戸神社仏閣旧跡安見絵図　文化十四年版　一枚
（前掲「南北会の動向とその意義」）

「与力指物」とは、与力であることを示す旗のこと。布に「南」「北」という文字が書かれたものだったようだ。個人の持ち物ではなく、南北町奉行所与力組の旗である。いわば、団旗のようなものだ。

「純子細袴」は与力の勤め着。与力は袴を着用できたが、同心は着用できない。着流しの形で市中を見廻る姿は、時代劇でもお馴染みだろう。

「万世江戸町鑑」とは江戸の市政要覧のこと。町奉行、与力、町名主などの名前が記されたものである。絵図類は、市中見廻りには欠かせない必須アイテムといったところだ。

この展覧会は翌年四月にも、会場を同じ呉服屋の松坂屋に変えて開催されたが、南北会としては外に向けての活動であると同時に、会員内部への情報発信、つまり啓発活動という意味合いもあったに違いない。

時代は大正に入っていた。明治維新当時与力・同心を務めた者で、すでに存命していない者も多かった。

南北会の会員自体も、町奉行所や江戸のことは直接知らない、いわば第二世代の時代に入っていたのである。南北会としてはこの展覧会を通じて、彼らに自分たちの事跡を伝えたいという目論見もあったはずだ。

会員への内覧会

こうした展覧会は、昭和に入っても続く。

昭和六年（一九三一）二月、三越や松坂屋と同じく江戸の呉服商として知られた白木屋で、「警察展覧会」が開催された。警察が社会治安に果たしている役割を広く周知させることが、その趣旨だろう。

そして、町奉行所は警察の前身である。白木屋からの要望で、南北会は会員の家に伝来する書物類などを出品したが、窓口として対応したのが佐久間の弟、原胤昭だった。

すでに、佐久間はこの世にはいなかった。大正一二年（一九二三）一月に、八五歳で死去していたのである。
この展覧会は盛況だったようだ。この展覧会をきっかけに、原は自宅を会場として、同年三月一五日午後一時より会員を対象に展覧会を開催する。関係者だけが展示物を見ることのできる内覧会のようなものだったが、開催に先立ち、以下の案内状を発送している。

右は去る二月十四日以降新聞紙上御承知の通り、白木屋階上に催されました警察展覧会へ、昔の云ふに因《ちな》み、南北会員方御秘蔵の町奉行所勤向用の書物類、当時の勤め着物など古具古器数十点御出品になりましたところ、非常な賞讃にて喝采を受け、日々万を以て算する参看者あり、随《したが》つて八丁堀の故事遺績も広く大衆に知認せられ、特に昭和現代の鑑賞を受けました事は相互の快とし、崇祖礼礼讃の奉公となりました事を喜びます。（同前）

白木屋での警察展覧会が盛況だったことが確認できるが、原が喜んだのはそれだけでない。町奉行所が終焉を迎えて六〇年以上も経過した昭和の今日に、町奉行所の事跡を広く一般に周知できたことを喜んでいる。
しかし、混雑の余り、肝心の会員たちは十分に観覧することができなかった。そのため、南北会として会員を対象とした展覧会を開催することを決め、来場を促したのである。

然《しか》るに会場余りの雑沓《ざつとう》にて観覧実を得ず、依て当会員御家族方よりは展覧会閉会後、特に品を並べ親しく熟見し、且つ解説を御聞取りなされたき旨御申し出での方々もこれ有り、依てここに南北会を開き、該《かね》て御希望に添じたく存じます。故に会合は公開しません。御家族御幼年者又御親戚の方々御来会下され、古文献・古器具の由来を御熟知下され、尚現在の御所蔵品中に此の貴重品の有る者を御発見頂きたく、切に望みます。
(同前)

展覧会への出品は、その後も何度となくおこなわれている。

現代に蘇《よみがえ》る南北会

南北会は出版活動や展覧会への出品を通じて、いわば江戸の象徴というべき町奉行所与力・同心の活動を伝えた。江戸を残したいという、幕臣としての共通した思いがそこには込められていた。

こうして、与力・同心が江戸市政の安定に果たした役割が伝承されていくが、時の経過には勝てなかった。町奉行所の終焉に立ち会った南北会のメンバーは、この世を次々と去ることになる。

そうしたなか、原は昭和一七年（一九四二）に九〇歳で死去するまで、自宅で展示会を開いたり、ラジオや講演会で与力や同心の事跡を語るなどの活動を精力的にこなした。

昭和六年に南北会会員の今泉雄作が死去したときの追悼記事には、同会にかける原の熱き思いが語られている。

近年に至りわたしも崇祖の念に駆られ、家祖の来歴を知りたく存じ、江戸文化の研究へと、交りをして、これから大《おおい》に師範を受け八丁堀を研究なさんと念願して居ましたのに、先生今は亡し。わたしの胸中御憐察を願ひます。

これで八丁堀の旦那衆と歌はれました、八丁堀衆三百株も、雪駄チャラチャラ江戸の巷《ちまた》を、かんぬき差しの刀の柄《つか》へ袂《たもと》の先きを、ちよいと載せて、突き袖の力身姿《りきみすがた》を見せた者は、全く以てわたし一人になつてしまつた。心細やと泣きませうか、否な八丁堀衆の子孫は、歴《れつ》連綿《き》として今尚百有余の家裔がある。今泉先生等の企画にして、明治二十二年八月一日の創記に懸る南北会と名称する一団あり。折に相会し相語つて、家祖の遺勲を讃へ我らを励まして居られます。我らは之を以て意強しとし、わたしの余命をここに献《ささ》げて八丁堀衆団に聊か尽すものあらば、今泉先生の霊に供ふる寸片ならんかと。

（原胤昭「今泉先生の生い立ち」、『江戸文化』第五巻第二号）

さらに、原は兄佐久間長敬の遺志を継いで、出版活動にも力を入れている。原は大正七年（一九一八）に『江戸町方与力』を刊行したが、佐久間が同一二年に死去すると、書き溜めていた未定稿は原が預かることとなった。原は兄の死後、刊行を目指す。

それは、『八丁堀史』の編纂だった。町奉行の経歴、町奉行所の沿革、与力・同心の勤務などを網羅しようというものだったようだ。

南北会にとっても、その集大成の事業だったが、残念ながら未完に終わる。原の死、そして戦争の混乱は大きかったに違いない。東京を何度なく襲った空襲により、与力・同心たちの事跡を伝える数多くの貴重な品が灰燼《かいじん》に帰してしまったのだ。

しかし、幸運にも原の子孫には、佐久間から預けられた未定稿をはじめ、南北会の活動を教えてくれる多数の史料が伝えられた。

現在、千代田区が所蔵している「原胤昭旧蔵資料」は、平成一八年度から資料整理・分析作業が進められ、同一九年、千代田区立四番町歴史民俗資料館の特別展「江戸町与力の世界――原胤昭が語る幕末――」で、その成果が公表された。それらは、平成二〇年三月から三年間にわたって、『原胤昭旧蔵資料調査報告書』（1）～（3）として刊行された。

明治維新から約一五〇年経過し、原たち町奉行所与力・同心の活動が、再び広く知られることになったのだ。後世に江戸を伝えたい、残したいという南北会の思いが叶えられた格好である。

「原胤昭旧蔵資料」は、明治維新によって敗者に転落した幕臣たちの意地を伝えるという歴史的役割を、現在も果たし続けているのである。

エピローグ

以上、薩摩・長州藩を主役とする日本近代史では描かれることの少ない幕臣（徳川家家臣）たちの生きざまを、主に江戸改め東京を舞台として五章にわたり追いかけてきた。

近代化というと、明治政府が主導していたという印象が強いが、内実をみると、その主体勢力として幕臣たちの果たした役割は看過できないものがあった。

政府の官吏といっても、その土台を支えた下級官吏は幕臣出身者で占められていた。前政権を運営した幕臣の実務能力は明治政府にとっても有用だったからだ（前掲『旧幕臣の明治維新』）。

だが、官吏としてだけではない。第四章でみたとおり、在野で近代化を牽引した者も大勢いた。新聞を通じた言論活動という形で、政治面での近代化を推進した福地源一郎はその一例である。彼は、自由民権運動の展開という時流のなか、議員という形で政界にも進出する。政界から官界に影響力を行使しようとしたのだ。福地のような後半生を送った幕臣も少なくなかった。

経済面の近代化を推進した渋沢栄一も幕臣出身だが、経済官僚として銀行制度などを導入する一方、野に下ってからは数多くの会社の創立に係わる。経済面に限らず、官民両方の立場で近代化の事業を支えた渋沢のような幕臣出身者は、もっといるはずだ。

渋沢などの有名人だけではない。出獄人保護に一生を捧げ、更生保護の父とも称された原胤昭も、元を正せば町奉行所与力という幕臣だった。政治・経済面だけでなく、さまざまな分野で幕臣たちは近代化を推進していたのである。

近代化の名のもとに実行された諸事業を検証していくと、幕臣たちの姿が自然と浮かび上がってくるわけだが、近代化以前の問題として、そもそも幕臣の存在なくして政権交代自体スムーズに実現しなかった側面を看過してはならない。

将軍のお膝元である江戸が天皇の住む帝都東京に変身できたのも、江戸の市政を担った町奉行所与力・同心たちの力があったればこそだった。それは明治政府がいちばんよく分かっており、だからこそ町奉行所を引き継いだ際、与力・同心にそのまま職務を遂行させている。当の与力や同心もそのことは自負していたのではないか。
明治維新という政権交代によって、江戸から明治へ、近世から近代へと時代は移り変わったが、この政権交代によって、何が変わって、何が変わらなかったのか。明治維新後の幕臣たちの生きざまを追っていくことで、その答えは自然と浮かび上がってくるのかもしれない。

本書執筆にあたっては、集英社新書編集部の千葉直樹氏にアドバイスをいただきました。末尾ながら、深く感謝いたします。

安藤優一郎

二〇一一年五月

参考文献

塚原渋柿「明治元年」、柴田宵曲編『幕末の武家』青蛙房、一九六五年
『静岡県史』通史編五、一九九六年
佐久間長敬著、南和男校注『江戸町奉行事蹟問答』人物往来社、一九六七年
加藤貴「旧幕府引継書の基礎的研究」、『原胤昭旧蔵資料調査報告書（1）』千代田区教育委員会、二〇〇八年
「江戸町政録」「市政日誌」、『東京市史稿』市街篇第四九、東京都、一九六〇年
南和男『江戸の町奉行』吉川弘文館、二〇〇五年
山口泉処「目付・町奉行・外国奉行の話」、東京帝国大学史談会編、三好一光校注『旧事諮問録』青蛙房、一九六四年
『新編千代田区史』通史編、一九九八年
石塚裕道、成田龍一『東京都の百年』山川出版社、一九八六年
小澤圭次郎『明治庭園記』日本園芸研究会、一九一五年
樋口雄彦『旧幕臣の明治維新』吉川弘文館、二〇〇五年
山川菊栄『おんな二代の記』平凡社東洋文庫、一九七二年
『都史紀要一三　明治初年の武家地処理問題』東京都、一九六五年九月
同好史談会編『史話　明治初年』新人物往来社、一九七〇年

『板橋区史』通史編下巻、一九九九年
福沢諭吉著、富田正文校訂『新訂福翁自伝』ワイド版岩波文庫、一九九一年
『都史紀要二三　明治初年の自治体警察番人制度』東京都、一九七三年一月
西脇康「校訂　佐久間長敬著「稿本・江戸時代罪科隠語詳説」」、前掲『原胤昭旧蔵資料調査報告書（1）』
東京日日新聞社会部編『戊辰物語』岩波文庫、一九八三年
福地源一郎「新聞紙実歴」、『懐往事談　幕末政治家』人物往来社、一九六八年
三井広報委員会「三井史を彩る人々」　http://www.mitsuipr.com/history/hitobito.html#masuda
田口卯吉「東京論」、藤森照信編『都市　建築』日本近代思想大系一九、岩波書店、一九九〇年
「東京市区改正品海築港審査議事筆記（抄）」、前掲『都市　建築』
滝口正哉「南北会の動向とその意義」、前掲『原胤昭旧蔵資料調査報告書（1）』
山本政恒著、吉田常吉校訂『幕末下級武士の記録』時事通信社、一九八五年
『旧幕府』第一号、一八九七年四月
佐久間長敬『徳川将軍御直裁判実記』南北出版協会、一八九三年
原胤昭「今泉先生の生い立ち」、『江戸文化』第五巻第二号、一九三一年二月

＊引用は読みやすいように適宜表記を改めた

安藤優一郎（あんどう　ゆういちろう）

一九六五年生まれ。歴史家。文学博士（早稲田大学）。JR東日本大人の休日倶楽部、東京理科大学生涯学習センター、NHK文化センターの講師を務める。『勝海舟と福沢諭吉』（日本経済新聞出版社）、『江と徳川三代』（アスキー新書）、『大名行列の秘密』（生活人新書）、『幕末下級武士のリストラ戦記』（文春新書）、『大名屋敷の謎』（集英社新書）、『幕臣たちの明治維新』（講談社現代新書）、『観光都市江戸の誕生』（新潮新書）など著書多数。

集英社新書〇五九二D

江戸《えど》っ子《こ》の意地《いじ》

二〇一一年五月二二日　第一刷発行

著者……安藤《あんどう》優《ゆう》一《いち》郎《ろう》

発行者……館　孝太郎

発行所……株式会社集英社

東京都千代田区一ツ橋二-五-一〇　郵便番号一〇一-八〇五〇

電話　〇三-三二三〇-六三九一（編集部）
〇三-三二三〇-六三九三（販売部）
〇三-三二三〇-六〇八〇（読者係）

装幀……原　研哉

印刷所……大日本印刷株式会社　凸版印刷株式会社

製本所……加藤製本株式会社

定価はカバーに表示してあります。

ISBN 978-4-08-720592-3 C0221

Printed in Japan

a pilot of wisdom

集英社新書　好評既刊

日本人の坐り方
矢田部英正　0581-D

何気なく行っている「坐る」という動作には、伝統のなかで培ってきた生きるための知恵が隠れていた！

ONE PIECE STRONG WORDS上巻〈ヴィジュアル版〉
尾田栄一郎／解説・内田　樹　021-V

「週刊少年ジャンプ」で好評連載中の大人気漫画『ONE PIECE』の多くの名言を集めた豪華な一冊。

介護不安は解消できる
金田由美子　0583-I

いざ介護となる前に、どう対応すべきかを知っておくことで不安は和らぐ。介護費用やサービス内容も網羅。

TPP亡国論
中野剛志　0584-A

自由貿易を疑え！　TPP（環太平洋経済連携協定）で日本の屋台骨が崩される。経済的国益を考える必読書。

二畳で豊かに住む
西　和夫　0585-B

日本には狭い空間で豊かに暮らす知恵が昔からあった。我々にとっての「住」とは何かを再検討する。

○《まる》のない大人　×《ばつ》だらけの子ども
袰岩奈々　0586-E

「自分に×」ではなぜ人づきあいがうまくいかないのか。そのメカニズムを解説し、その克服法をアドバイス。

ONE PIECE STRONG WORDS下巻〈ヴィジュアル版〉
尾田栄一郎／解説・内田　樹　022-V

「週刊少年ジャンプ」の漫画『ONE PIECE』。愛や絆、そして生きるための言葉などを集めた下巻。

人生はうしろ向きに
南條竹則　0588-C

「素敵な『過去』を持たない人はいない」など、逆転の発想であなたも人生を楽しく！　著者初の人生論。

オーケストラ大国アメリカ
山田真一　0589-F

なぜアメリカでオーケストラ文化が育ったのか。バーンスタイン、ニューヨーク・フィルなどを多数紹介。

証言　日中映画人交流
劉　文兵　0590-F

高倉健、佐藤純彌、栗原小巻、山田洋次ら邦画界のトップ映画人への、中国人研究者によるインタビュー。

既刊情報の詳細は集英社新書のホームページへ
http://shinsho.shueisha.co.jp/